神代憲法による新憲法

大日本国憲法

加《か》部《べ》節《せつ》男《お》著

伊雑宮（いさわのみや）
現在は、内宮（皇大神宮）の別宮とされている

御鎮座地
三重県志摩市磯部町上之郷三七四

御祭神
天照大御神御魂
（あまてらすおおみかみのみたま）

天照大御神が
直接マツリを摂《と》った都の中心

タカマ（貴真）があった宮所
この地で、成文の天成る文・ヤマト憲法に則り、マツリが行われた

『ホツマ伝へ』に
「君は都お
移さんと　オモヒカネして
造らしむ　成りて**イサワに**
宮移し」
とある。

上が　伊雑宮のトリヰ
裏面がタカマ（貴真）の地

はじめに

神代に憲法が存在していた。それは我が国建国の、初代天神《あまかみ》（天皇）国常立神《くにとこたちかみ》による、『ト の教ゑ』である。『ト の教ゑ』は、ミクサノカンタカラ（三種の神器）の内、第一位の神宝（かんたから）である。

当初、神器はこの一種の神宝のみであった。『ト の教ゑ』は、ヲシテ（文字）により記される世界最古、最高の憲法でもある。そして『ト の教ゑ』は、第八代天神・天照大御神により完成され、代々の天皇に受け継がれていった。

本書は、この『ト の教ゑ』、神代憲法を元に、現代憲法の草案を作成したものである。『ト の教ゑ』は、混迷の現代ヤマトを、救うことが出来る。

現代は、科学技術の発展により、神代で行われたように、神代憲法を基盤とした、神々による理想の政治が、できる時代になった。そのため本書を著した。本書は、壮大かつ壮麗なる「天成る道《あめなるみち》」の中の、主に憲法、政治に焦点をあてたものである。

『トの教ゑ』が詳しく記されている『ホツマ伝へ』は、後世のためにと、神々が残してくれた神書である。そして、『ホツマ伝へ』を元に、『大日本国憲法』を著すことにより、『トの教ゑ』を始め、「天成る道《あめなるみち》」、「神の道《かみのみち》」などが、いかなる事であるかが、現代の人々に理解されやすくなる。

また『ホツマ伝へ』は、いつの世にも変わらぬ、憲法の憲法である。『ホツマ伝へ』に記されている『トの教ゑ』を始め、「天成る道」、「神の道」の一部が、本書で取り挙げた神代憲法による『大日本国憲法』となる。

なお本書は、前書『よみがえる　天成る道《あめなるみち》　神道の体系と教義』の続編とも言える。従って、前書に目を通してから本書を読むと解りやすい。


アスス二七三七年（令和二年）サアヱ　シハス月

加部《かべ》　節男《せつお》

『神代憲法による新憲法　大日本国憲法』正誤表

箇所	誤	正
一九頁一行	これば、	これは、
三六頁八行	『大日本国憲法』　の	『大日本国憲法』の
五〇頁一六行	伝統をを受け継ぐ	伝統を受け継ぐ
六五頁二行	速やかにに実行	速やかに実行
六五頁一六行	弟一五代	第一五代
一三〇頁一六行	弟五条	第五条
一五一頁七行	弟八代	第八代
一五五頁一〇行	弟五条	第五条
一六一頁四行	弟八代	第八代
一六三頁二行	弟八代	第八代
一六五頁一七行	国務大臣にって	国務大臣によって
一六七頁五行	弟八代	第八代
一七三頁一六行	弟十代	第十代
一八一頁二行	一人残らす	一人残らず
一九一頁五行	国教を神道	国教は神道
二一三頁五行	なるだろろう。	なるだろう。
二四五頁三行	その一部を、、	その一部を、
二七五頁五行	弟三代	第三代
三一六頁七行	明治憲法弟一条	明治憲法第一条
三二四頁六行	月日が経っている	月日が経っている。

目次

序　節　人類最古、世界唯一の我が国の憲法　1
第一節　現代民主主義体制の諸問題　9
第二節　世界唯一、最強の貴真《たかま》体制　33
第三節　神代憲法による『大日本国憲法』の各条文と各論　57
第四節　『大日本国憲法』全文　290
第五節　『大日本国憲法』制定の道程　315
補　説　皇統の存続と皇室による統治　326
付録　図版一、国体・貴真図　図版二、貴真・元明《もとあ》け図

序節　人類最古、世界唯一の我が国の憲法

世界最古の憲法とその内容

・世界最古の憲法　国常立神《くにとこたちかみ》より始まる我が国の憲法

ヲシテ文書によれば、天御中主神《あめのみなかぬしかみ》により、既に約一万年前にヲシテ（文字）は、世界で初めて発明された。その後、初代天神《あまかみ》・国常立神《くにとこたちかみ》は、ヲシテで記された『ト の教ゑ《をし》』に基づき、常世国《とこよくに》を創建し、自ら治めた。約六千年前と推定される。

この『トの教ゑ』は、天皇家に代々伝わる、ミクサノカンタカラ（三種の神器）の第一位に位する神宝（かんたから）で、文《ふみ》として天皇家に代々伝えられていった。これこそが我が国の初めての憲法にあたる。世界最古の憲法である。

ヲシテ文書が本物であることについては、既に前書『よみがえる　天成る道《あめな》　神道の体系と教義』に書いたので、そちらを参照してもらいたい。

・『トの教ゑ《をし》』の進歩、充実

初代天神・国常立神《くにとこたちかみ》のことを常世神《とこよかみ》ともいう。常世神の時代は、『トの教ゑ』の基本の内容は、その後代々伝わる文と変わらないが、素朴な条文であったと思われる。その後、国民や国内の国々が増えるに従って、『トの教ゑ』の内容は整理せざるを得ないほど、膨大な量になっ

ていく。

・『トの教ゑ』の内容　『トの教ゑ』＞『大日本国憲法』

その内容はありとあらゆる分野に亘っている。例えば、宇宙創造、天文、文字の発明、タカマ、モトアケ、天成《あめな》る道、トの教ゑ、天神《あまかみ》（天皇）、皇室、三クサのカン宝（三種の神器）、神の道（神道）、君臣《きみとみ》の道、法律、年中行事、政治、経済、立法、行政、司法、教育、軍事、外交をはじめ、国土開発、農業土木、建築、造船や農業、植林、漁業、商業、養蚕、織物、鉱業、たたら製鉄、または宗教、神道の体系と教義、科学、哲学、歴史、数学、医療、健康法、食事法、更には男女関係、夫婦、家庭、出産等々。

この本で論ずる『大日本国憲法』は、『トの教ゑ』の一部分である。つまり、『トの教ゑ』＞『大日本国憲法』となる。

世界唯一、独自の『トの教ゑ』の特質

・ヲシテ時代の憲法『トの教ゑ』と「立憲的意味の憲法」の基本的な違い

欧米の「立憲的意味の憲法」は、君主などの専制権力に対抗して成立したものである。立憲君主制は、君主などの強大な権力を、議会が制限しようとする制度。つまり君主などの悪政に対処するためにできた。君主などがいなくなったり、君主などがいても、権力が政府に移った場合は、政府の強力な国家権力が暴走しないように、憲法で制限する。

立憲主義は、政治権力の専制化や政治の恣《し》意的支配を、憲法や法律あるいは民主的な政治制度の確立などによって、防止・制限・抑制する。

欧米では、統治者に大問題があった。そのために、民主主義、共産主義も欧米から始まったのだ。統治者が、誤った国家権力を行使し、国民を弾圧し、搾取した。

もし欧米の統治者が、日の本（注一）のように、国家国民に良き国家権力を行使し続けていれば、欧米の君主制は続いていた。民主主義、共産主義は起きなかっただろう。

それに比べ、我が国は常世神《とこよかみ》以来、君と国民との理想的な関係は、変わらない。六千年以上に亘り、天皇と国民は、強い絆で結ばれている。

この関係が、欧米始め全世界と全く違う。世界唯一我が国だけのものである。そしてこれが、我が国独自の憲法が必要な理由であり、欧米の憲法がヤマトに合わない理由だ。

日の本で問題なのは、君主の悪政ではなく、君と民の中間であり、橋渡し的な臣達が問題なのだ。ここが根本的に違う。これも紀記（注二）等が伝えなかったので、今まで解らなかった。

注一　日本の正式名称は「ヤマト」又は「ヒノモト」である。

注二　『古事記』より『日本書紀』の方が、まだマシなので、「紀記」とする。しかし、『日本書紀』『古事記』共、我が国六千年の歴史上、最悪の書物であることに変わりはない。第二十四代の天君（天皇）・景行天皇まで。

・『トの教ゑ』に則る『大日本国憲法』と神代政治の復活

日の本の国柄は、初代天神《あまかみ》・国常立神《くにとこたちかみ》より、第一三八代の今上天皇陛下まで、基本的には変わらない。国民の人口は増えたが、国民の意識もあまり変わっていないようだ。その天皇が、直接政治を行えば、理想的な政治が行われる。これが我が国の伝統だ。国常立神の時代は、理想の時代が続いた。

しかし国民が増えるに従い、臣《とみ》や国神《くにかみ》に政治を任せざるを得なくなる。第八代天神・天照大御神や第一〇代天神・ワケイカツチ神の時代も「君臣《きみとみ》の道」が良く守られ、理想の政治が続くが、臣や国神の質をいかに保ち続けるかが、大問題だった。それが、科学技術の進歩により、現代で行えるようになった。

世界最古である『トの教ゑ』に則る『大日本国憲法』によって、世界最高、最強の政治が可能な時代になった。

・理想の国家権力の行使

そもそも国がなければ、国家権力もない。そして強大な国家権力が、理想的に行使されて、国民に返されれば、これほど役に立つことはない。自然と調和した、理想的な国家権力の行使は、国家と国民を平和に保ち、豊かにしてくれる。当然、国民に多いに歓迎される。

現代は、人口が多く、国家機構はますます専門的になっている。またそうしないと、良いマツリ（注一）は行えない。そして、国家機構を保つための人と資財は、必ず必要になる。そのため国民は、初穂《はつほ》（税金）をタカマ（貴真《たかま》）（注二）に上げる。そして、貴真の維持に必要なもの以外は、貴真の神々は、それをマツリとして国民に返す。

この循環を、「天に受け　天に還る」という。貴真の中心は天皇である。そして、「君臣《きみとみ》の道」により、天皇と心を一つにして、臣達がマツリを行う。臣達は皇室と共に、国家と国民にとって、最適かつ最高の国家権力を、維持し続けなければならない。この意味での国家権力の行使は、国民にとっては、全て歓迎すべき事なのである。

この理想の政治は、我が国でしか、できない。諸外国で、真似ることはできても、同じにはならない。それは外国には、皇室がないためだ。

注一　マツリは政治を含む。そして、今一般にいわれている政治より、多くのことを含む。つまり、マツリ∨政治となる。前書で詳しく解説している。

注二　タカマは、天《あ》のタカマと地《わ》のタカマが、考えられる。本書巻末、図版の「一、国体・貴真《たかま》図」「二、貴真・元明《もとあ》け図」参照。タカマについても、前書で詳しく解説している。タカマの漢訳は色々考えられるが、本書では「貴真《たかま》」を使用する。「高間」の漢訳は、ほとんど誤り。

・伝統を根本に据え欧米の長所を生かす

このように、そもそも我が国伝統の『トの教ゑ』による憲法と、欧米の近代憲法とには、大きな基本的な違いがある。その違いもアヤフヤなままに、『大日本帝国憲法』が作られ、さらに敗戦によって、デタラメな『日本国憲法』が押しつけられ、今日に至る。憲法は法律の基本。そのため、憲法も法律も我が国によく合わないまま、施行されている。伝統の基本が解っていないので、どこが違うのかさえ、よく解っていない。

『大日本帝国憲法』は、『大日本国憲法』と名称が似るので、本書では、明治憲法として、話を進める。

欧米の憲法は、激烈な歴史の上に作られたもので、参考にすべき箇所もある。しかし我が国とは、歴史も風土も大きく違う。日の本の新憲法は、ヲシテ文献に記されている憲法や法律を根本に据え、その上で欧米の憲法や法律の長所を取り入れるべきである。そうしないと誤る。

・現代憲法の欠陥と限界

今日の巨大で複雑な国家にあって、簡潔な憲法は、大変便利であり、尊重しなければならない。そして、憲法のおかれている時代は、常に変化を続けている。憲法もそれに合わせ、改訂していく必要がある。

しかし現代ヤマトで、それが全く行われていないのだ。一字も、一ミリも前に進んでいない。この現実は、余りにも異常事態なのである。ヤマト全国民が、この異常事態を知るべきだ。

例えば『日本国憲法』前文の一節に「平和を愛する諸国民の公正と信義に信頼して、われらの安全と生存を保持しようと決意した」とある。平和を装う敵国の「公正と信義に信頼して、われらの安全と生存を保持しようと」すれば、シナ、ロシア、朝鮮などに、たちまちヤマトは侵略され、何十万、何百万人の国民が虐殺され、残りは強制収容所に送られる。凄惨を極める。

シナ、ロシア、朝鮮などは、日の本を侵略しようと、常に窺っている。樺太や千島四島、竹島は、既に奪われた。尖閣列島の領海などは、しばしば侵されている。アメリカも要注意だ。

そして、朝鮮やシナ組織は、戦後から既にヤマト国内のあらゆる分野に深く侵入し、ヤマトを蝕ばみ続けている。またアメリカ始め、欧米の行き過ぎた民主主義やグローバル化も危険で、要注意だ。

同じく、デタラメで、訳の分からない第九条の一節、「陸海空軍その他の戦力は、これを保持しない」の解釈は、一八〇度変えなければならない。つまり、「強力で精強な陸軍、海軍、空軍、サイバー軍、宇宙軍その他の戦力は、これを保持する」。このように改憲し実行しなければ、いずれヤマトは侵略される。既に、敵国との、静かなる戦争は始まっているのだ。

現代我々は、たった一発の水爆で、瞬時に、筆者や家族も含め、何百万人が虐殺される可能性があるという、人類始まって以来の時代に生きているのである。これが現実だ。

他にも多くある。そもそも『日本国憲法』は憲法ではない。『日本国憲法』は無効である。ハーグ陸戦条約にも違反している。これもよく理解されていない。理解されないようにしている。

昭和二六年（一九五一年）九月八日に対日講和条約が署名されて以来、すぐにでも改憲すべきだが、約七〇年間、『日本国憲法』というデタラメ憲法が一字も改正すらされていない。

・天皇の『ト の教ゑ』による詔　新憲法の制定

天皇家は数千年に亘り、日の本を治めてきた。天皇陛下がヤマトを統治する。従って、天皇陛下が、『トの教ゑ』に則り、詔を発し『大日本国憲法』を定める。

天皇陛下の詔により、『大日本国憲法』を制定する。そして、皇室が天成《あめな》る道に則り、『大日本国憲法』により、日の本を治める。天皇家は『トの教ゑ』を体現し、受け継いでいるので、天皇陛下がヤマトの憲法を定めるのは、我が国の伝統に叶う行いである。当然の事。

ヤマト以外の悪魔のような独裁者がこのようなことをしたら、その国民は弾圧され、搾取される。シナや北朝鮮はそのよい例だ。民主主義国家でも、誤った指導者を選ぶと、大混乱を巻き起こす。しかし、唯一人類で、また世界の中で、我が国だけは違う。

伝統の『トの教ゑ』に則り、天皇の詔によって、『大日本国憲法』を定めるのが望ましい。『大日本国憲法』は、天皇の存在があるから可能なのであり、我が国だから出来ることである。何千年にも亘る、皇室と国民の絶対の信頼があってこそ、初めて可能となる憲法なのである。

第一節　現代民主主義体制の諸問題

我が国は世界唯一、最強の貴真《たかま》主義国家である。これについては、第二節「世界唯一、最強の貴真《たかま》体制」で述べる。

〓〓〓（たかま）という事周《ことば》は、ヲシテ文書に記されているが、貴真体制、貴真主義などは筆者の造語である。貴真を中心とした主義であり、体制のこと。人類唯一であり、我が国独自の体制である。民主主義国家でも社会主義国家や共産主義国家でもない。

社会主義、共産主義とは人民殺人、人民弾圧主義のことであり、人類の害悪であることは、ソ連、シナ、北朝鮮などによって証明されている。従って、社会主義、共産主義国家は取り上げない。

現代世界では、民主主義や民主主義国家が栄えているが、これにも大きな欠陥が存在する。

一、『日本国憲法』による民主主義体制の問題点

現代ヤマト（日本）は、『日本国憲法』による民主主義体制のもと、民主主義政治が行われていることになっている。しかし、現代ヤマト社会は多くの矛盾、問題点を抱えている。

そもそも第五節「『大日本国憲法』制定の道程」で述べるように、『日本国憲法』はヤマトの

憲法ではないのだが、更にその弊害が甚だしい。『日本国憲法』自体と、これによる政治には、主に次のように大問題を抱えている。

選挙制度とマスコミの問題　誰を選んだらよいのか解らない

『日本国憲法』の中心、民主主義政治は選挙より始まる。しかし、この選挙制度がよく機能していないのだ。

例えば、市議会議員選挙でも、名前もほとんど解らない。その時だけの選挙公報が配られ、そこに何十人の候補者名が書かれていて、その中から選ぶ。普段から、常に市政に関心を持ち、その議員、立候補者などの政策、実績などを見ていれば、判断がつく。

しかし、判断ができる市民はほとんどいないだろう。それができるのは、特定の利害関係や特定の団体の人達のみで、普通の市民はいない。知事選などもほとんど同じ。

また、国政選挙は、党が主で、党については新聞、テレビ、ラジオなどで、いろいろと取り上げられているが、その内容は基本的に、そのマスコミの都合による。これが大問題だ。

マスコミは、利益優先なので、新聞が売れたり、視聴率が上がれば、それでいいわけだ。報道内容が、明らかに片寄っているというマスメディアが、ほとんどだ。明らかに反日主義であり、また敵国から利益供与をうけている、と思われるようなマスコミが、多い。

企業だから利益が出ればいいわけで、国家、皇室、国民、国体のことはどうでもよい。敢えて国家、皇室、国民、国体を破壊しようとする。

無い事件でも、面白おかしく煽って、国民を巻きこみ、利益を出せばいいわけだ。敵国の情報をそのまま流す、敵国プロパガンダ新聞社や放送局もある。これにより、印象操作を行う。

これが、現在、民主主義国家と言われている、ヤマトの民主主義制度であり、その選挙の実体だ。この現状は明らかに異常なのである。

政治家の問題　政策が期待できず調査、判断がしずらい

余りに片寄った民主主義政治の選挙により、議員が決定してしまう。この議員と公約にも、大問題が存在する。

憲法上、国民主権による選挙に、とにかく当選しさえすればよい。議員にはなれる。当選しなければなんにもならず、立候補者はただの人となる。そのため、選挙に通るためだけの政策が、主流にならざるをえない。

公約は、票になりやすいものとなる。国民受けする短期の政策が主になり、中長期の政策は、あまり顧みられない。国家国民にとって大切な、中長期の政策がおろそかになり、そのツケは国民が払うことになる。国力は上がらず、減少する。

公約は、選挙に勝つための公約となる。そして、当選すれば、その公約はどうでもよくなる。ハッキリ言って、公約など、どうでもいいのだ。票が集まり、選挙に勝てばいいわけだ。

選挙は、被選挙人に、白紙委任状を渡すようなものだろう。しかし、当選しても、公約はあまり期待できない。また当選した議員の、党間の行き来や、党の分裂、吸収なども多い。

当選しても、果たして政治家が、どういう政治活動をしているかは、ほとんど解らない。ほとんどの国民は、一人一人の政治家の、毎日の政治活動などを、細かく点検するほど暇ではない。マスコミなどが、これを報道、追究すべきなのだが、やらない。

また政治家が、全ての日々の政治資金の流れや、政治活動、成果などを公表しているのは、あまり聞かない。やっていても、それが真実かどうかも、検証しづらい。

選挙人・国民の問題　憲法と政治の根幹がよく機能していない

民主主義であり、国民主権であるのに、投票率が低い。国民の約半数が国民主権、民主主義を放棄しているのだ。これも大きな問題だ。

平成三一年度、四一道府県議選の平均投票率は四四・〇八％。国政選挙の投票率は、平成二九年一〇月に行われた第四八回衆議院議員総選挙では五三・六八％。平成二八年七月に行われた第二四回参議院議員通常選挙では五四・七〇％。地方選では五割以下。国政選挙で五割少しといったところである。

投票権のある、ほぼ国民の半数が、『日本国憲法』、民主主義の根幹である選挙を放棄しているのだ。

そして、投票するための、選挙に必要な情報も、反日、共産主義思想に牛耳られている。公共放送と言われるＮＨＫでさえ、シナ、朝鮮の代弁者のような、番組製作をしている。

民間のテレビ、ラジオ、新聞、雑誌などは、シナ、朝鮮の会社かと思われる程、目も当てられない偏向報道を、朝から晩まで毎日流し続けている。インターネットも、反日、左翼主義の影響を受けている。また、欧米などの、余りに偏ったグローバル主義も大いに問題がある。

これらは、選挙人である国民の判断を大いに狂わす。それが目標なのだ。投票率が低い上に、更に候補者を選ぶための、偏向・誘導報道が、朝から晩まで、毎日くり返される。

また、本来、一人一人の候補者の、あらゆる方針、政治姿勢、日頃の言動、活動、実績などを調査し、その上で国民一人一人が、投票すべきだろう。当選してからも、当選議員の毎日の活動、実績、経費の正当性など、あらゆる視点から監視すべき。改選があるので、次の投票にも備える必要がある。

しかし普通の国民には、これは出来ないし、やらない。候補者の情報もないし、あってもそんな暇がある国民は、大変少ない。国民の中の、ほんの一握りの専門家のような人にしか、出来ない。そして、そもそも国民の半分が、選挙を放棄している。

政治家を選ぶ国民である選挙人側が、うまく機能していないのは、明らかだ。憲法と、これに基づく民主主義体制の根幹が、よく機能していない。

肝心な政策実現の問題　最良の政策がうまく実行されていない

憲法に基づく、政治上の諸問題に対する政策は、何百、何千と存在するだろう。政治家が、それらの解決策の、最良なものを審議し、決定し、実行する。そして、これを持続すればよいだけのことである。

しかし、これに、政党や個人の権力、名誉、利権、シガラミなど、あらゆる事が絡まるので、よりよい政策はなかなか決まらず、非効率で遅くなる。その結果、国家と国民が犠牲になっている。不利益を蒙っている。

高学歴で各種の資格があり、頭の良い人々が集まっているはずなのに、ほとんど政治の役割が果たせていない。なぜか。天照大御神は、そこを強く、戒めている。

神代は、現代とは科学、技術、人口、経済規模など全く違う。しかし、現代政治は、神代政治に比べ、あまりに子供だましと言える程レベルが低い。次元が全く違う。一〇分の一以下、あるいは一〇〇分の一以下だろう。それ程劣っている。話にならない程だ。

政治には、金、権力、権益などが集中する。そのため、政治と金とは切っても切れない、というのが国民の悪い常識になっている。しかし、後でも取り挙げるが、これは全くの誤りだ。誤った悪しき利権やシガラミにより、政策がよく実行されていない。

巧妙な、あらゆる贈収賄事件は、日常茶飯事だ。ヤマト中、これに関わる事件は、常に存在するので、敢えて挙げなくてていいだろう。

決定された良い政策でも、悪しきシガラミや金、利権で左右され、貴重な税金が抜き取られ、あまり効果を発揮できない。その莫大な損害は結局は、日の本や国民が、被っている。

中長期政策の不足と薄さ　的はずれの政策

ヤマト列島は、その成り立ちからして、大変災害の多い地形である。プレートの移動による地震や火山災害。雨量も多く台風も多い。これは永遠に変わりない。したがって、これに対する短期の対策だけではなく、中長期にわたる、常日頃からのあゆる対策が、必要になる。

また、全国の森林問題は、林業従事者の数の少なさにより、余り票にならない。里山や里海などの整備も同じく、余り票に結びつかない。これらも短、中、長期の地道な努力が必要であるが、本腰を入れてやっていない。やらない。

地道で時間のかかる、基礎科学研究なども、我が国には大変重要だ。しかし、これについても、直ぐ結果に結びつくという分野ではない。票に直接結びつかない。従ってお座なりになる。

これらは、あらゆる分野に言えることである。票にならなければ、やっても仕方がない。やらない。票になれば、国民と国益に関係ないこともやる。ズレている。これも『日本国憲法』による民主主義体制の大きな欠陥である。

ヤマト国は永遠に続く。全てのあらゆる分野で、短、中、長期の国家目標を立て、それぞれの計画を地道に、着実に行なわなければならない。悠久のヤマト国と、議員の任期は関係ない。民主主義体制による、票集めだけの政策や、任期の短さという欠陥などによって、国家と国民の損失は、計り知れない。

正しい国体が伝わらず天皇の存在の理解不足　天皇儀式の窮屈さ

現代ヤマトの民主主義体制の裏付けは『日本国憲法』であるが、その『日本国憲法』自体が一番の問題だ。

日の本の伝統は、天皇を中心に、皇室が日の本を治めることである。『日本国憲法』は、この伝統に全く反している。

皇室は何千年にも亘り、全身全霊をかけて、自ら日の本を治めてきた。その中心が天皇陛下であり、我が国の伝統は、天皇陛下が日の本を統治することである。

しかし、『日本国憲法』は、天皇は象徴であるとする。天皇が日の本の象徴であることには変わりはない。ただし、天皇が政治に一切関わらないことは、天皇の存在の何百分の一のことしか、現していない。

古来より天皇は象徴ではあるが、それは天皇が実際に表す力のほんの一部に過ぎない。天皇が日の本を統治することのほうが、何百倍も大切なことなのである。天皇が日の本を統治するからこそ、天皇が日の本の象徴なのである。また、天皇と皇室は、神道の核心である。

即ち『日本国憲法』自体が大問題だ。そして、第二節で取り挙げるように、我が国は民主主義体制を遥かに上回る、世界唯一、最強の貴真《たかま》体制が伝統である。民主主義体制そのものにも大きな欠陥がある。

後でも取り挙げるが、現代は人口も増え、天皇一人でヤマトを治めることはできない。多くの臣達と共に治めることになる。そして、あらゆる分野で天皇の光が行き渡り、皇室の影響力を及ぼすことが、国民に幸せをもたらし、必要なことなのである。

そして、『日本国憲法』の片寄った政教分離政策によって、天皇や皇族の行事や言動が、大変窮屈になっている。これも『日本国憲法』の弊害である。

そして古来より、天皇は男性が継ぐ。その後、天皇は男系の皇族が継ぐ。この重要さも、議員や国民に徹底されていない。『日本国憲法』に書かれている天皇の存在については、あまりに古来からの伝統とかけ離れている。そして、男尊女尊がヤマト古来からの伝統である。

国防の問題　憲法を速やかに改正できない

国防について、『日本国憲法』は話にもならない。余りに酷すぎる。これほど酷い憲法は、人類史でも初めてかもしれない。それ程酷い。『日本国憲法』は日の本破壊憲法である。

防衛問題については、防衛省、自衛隊関係の人々は、今の欠陥憲法でよくヤマトを守ってくれていると思う。憲法前文と九条が論外なのは、小学生、中学生でも解る。

『日本国憲法』は、陸海空軍その他の戦力を保持しないことになっていて、交戦権も放棄している。明日にでも憲法を変えなくてはならないのに、昭和二一年（アスス二六六三年）十一月三日に憲法を公布して以来、たった一字も、一ミリたりとも前に進んでいない。国家国民のためには、直ぐにでも改憲が必要なのだが。

しかし、これほど長期の間、何もされてこなかったということは、明らかに、憲法改正の条文や、我が国のいわゆる民主主義体制、政治制度などに、大きな欠陥があることを証明している。政治があまりにも遅すぎる。欠陥憲法が、ヤマト滅亡、ヤマト民族滅亡に繋がる。

現代世界の多くの国々で採用されている議会制民主主義体制は、共産主義、社会主義より遥かにマシだ。しかし、あまりに遅い、効率が悪過ぎる。

皇室不敬罪の必要　内なる国防と皇室典範の不備

『日本国憲法』には多くの欠陥や不備が存在する。それと関連して、『日本国憲法』に基づく『皇室典範』にも問題が存在する。

『日本国憲法』と『皇室典範』の関係については、『日本国憲法』第二条に「国会の議決した皇室典範」とある。そもそも、これからして問題だ。

国防には外敵に対する国防と、内敵に対する国防がある。外敵には、日本国が強力な陸軍、海軍、空軍、サイバー軍、宇宙軍を保有し、対応すべきだが、これができていない。

内敵にはいろいろある。既にヤマトは、共産主義、反日勢力により、あらゆる分野で深く内部に侵入されている。そして共産主義、反日勢力による、片寄った教育や政治報道や憲法改正を阻止するための報道など、ありとあらゆる攻撃を受けている。

その中の問題の一つに、マスメディアを使用した天皇、皇室に対する攻撃がある。言論テロともいわれている。皇室に対する誹謗中傷や女性宮家の創設や女系天皇を立てようとする言論である。これらは日本国を内側から攻撃し、弱体化、破壊しようとするものである。

皇室が破壊されれば、ヤマトはヤマトでなくなってしまう。中心をなくして、国民同士の争い、敵国の干渉、占領などが起こり、多くの国民が犠牲になる。生き残っても凄惨を味わうことになる。ヤマトがヤマトでなくなる。敵国は、これを狙っているのだ。

これば、ヤマト人《びと》（日本人のこと）が、シナ人、朝鮮人と同じような人々になり下がってしまうことを意味する。人、国としての品格がなくなる。人を騙すのも当たり前。物を盗むのも当然。置いてある方が悪い。外国を侵略し、その国の文化を破壊し、その国の国民を奴隷化するのが当然となる。すなわち我々が野蛮人になり下がってしまう事と同じだ。かつてシナ人や朝鮮人達は、実際に共食いをしていたと言われている。

ヤマト人、シナ人、朝鮮人を一見して区別するのは難しい。その違いはどこか。それは、人類がヤマト列島と共に何万年、何十万年かけ育んできた文化がヤマト人をつくった。その文化の中心が皇室で、これがヤマト人《びと》なのである。

朝鮮半島が造り上げたのが朝鮮人であり、東ユーラシア大陸が造り上げたのがシナ人である。ロシア人もそうだか、シナ人や朝鮮人は、太古より野蛮なのだ。ヤマトは野蛮人に囲まれている。その中でいかに我が国の伝統を守り、後世に伝えていくか。野蛮人であってはならない。

不敬罪は明治憲法に、第三条「天皇ハ神聖ニシテ侵スヘカラス」とある。この条文は我が国の伝統に合う。現代にはこの条文が必要で、これによって皇室を守る。

しかし『日本国憲法』には、なんの条文もないのだ。民間企業による利益追求、または敵国の代弁者のような、マスメディアによる皇室攻撃に対し、反論のしようがない。敵国、マスメディアは、それを知っていて、そこを突いてくるわけだ。実に卑しい手法だ。

また、明治憲法第二条に「皇位ハ皇室典範ノ定ムル所ニ依リ皇男子孫之ヲ継承ス」とあり、伝統の男性天皇の規定が、憲法に書かれている。国家分裂を防ぐにはこの条文が必要である。

しかし、『日本国憲法』や自由民主党による憲法改正草案には、この条文は入っていない。また、何千年の歴史のある我が国において、天皇が日本国の単なる象徴というのも、全くといっていいほど、ヤマトの歴史、天皇の歴史を表していない。

更に現『皇室典範』にも問題点がある。第二十八条に、「皇室会議は、議員十人でこれを組織する」「議員は、皇族二人、衆議院及び参議院の議長及び副議長、内閣総理大臣、宮内庁の長並びに最高裁判所の長たる裁判官及びその他の裁判官一人を以て、これに充てる」とある。

議員十人のうち、皇族がたったの二人だけなのだ。現『皇室典範』は、皇室を破壊する可能性を秘めている。衆愚政治や、悪意のある政府によって、皇室会議の内容を悪用される危険がある。旧皇室典範は、第五十五条に「皇族會議ハ成年以上ノ皇族男子ヲ以テ組織シ」とあり、こちらは安全が保たれている。こちらが、皇室の伝統であり、ヤマトの伝統だ。

国防だけではなく、皇室についても『日本国憲法』と『皇室典範』の早急な改定が必要なのである。

『日本国憲法』に基づく現在の民主主義体制下に置いて、外敵に対する国防と内なる国防の、両方の備えが明らかに不完全である。ヤマトが大変危うい。

そのためには、『日本国憲法』や『皇室典範』は、直ぐにでも改正しなければならない。しかし、述べているように、一字も変えられていない。敢えて変えない。

ヤマト経済の問題　自然や農林漁業の軽視と企業競争力の低下

欠陥だらけの現代憲法による、余りに不効率な民主主義体制により、産業や経済政策が良く機能していない。これにより、ヤマトとヤマト国民の豊かさが奪われている。不効率な金融、財政、法律、政治、行政などにより、国民の経済活動は自ずと大変な制限をかけられている。

現代政府は、金融庁や財務省の言いなりになっていると言われているようだ。財政、金融を統制する政治家の資質が極めて低い。これにより、国力の低下を招き、国民の豊かさも奪われている。政治が金融や財政を機能させるべきなのに、順序が逆になっている。政府全体の権限や組織をしっかり保つことが出来ていない。

これと関連するが、行政改革ができない。これも現代日本民主主義の大きな欠陥である。非効率で大きな政治体制により、企業、国民にかかる税金が高い。規制が多い。行政の実行が遅い等々。

従って国際競争力が落ちる。国外に移転する国内企業が多くなる。国内企業の減少、縮小は国民である従業員の減少であり、国力の減少になる。

先端産業や情報産業などはもちろん大切であるが、伝統の農林魚業も大切で、これは全産業の土台である。国内産業をよくするためには、自然環境の整備や農林漁業の充実が欠かせないと考えるが、軽視されている。

食料は全産業、全国民の命の源である。添加物の少ない、新鮮で、栄養豊富な食料は国民の健康には欠かせない。

林業も大切だ。ヤマト国土の約七割は山林である。山林には木材だけではなく、多くの大切な役割がある。天然のダムとしての役割や、なくてはならない安全な飲料水、漁業との繋がりなど、縁の下の力持ち的な役割がある。また、よく管理されて美しい自然は、先端産業や都会の工場、事務所で働く人々の心の休息所でもある。

美しく手入れが行き届いた自然や里山、里海が本来の力を発揮し、持続することは、全産業や国民生活の土台である。ただ税金を投資するのではなく、利益の出る持続可能な発展が必要だ。これが日の本の基盤であり、それには中長期の政策が必要となる。

このように、欠陥だらけの現代憲法による民主主義体制は、ヤマト経済に悪影響を与え、本来ヤマトが持つ国家国民の豊かさを、もたらしていないのは、明らかだ。

二、民主主義国家アメリカの問題の一部　無駄で不毛の議論と遅さ　政教不分

民主主義体制による政治制度の諸問題は、日本だけではなく世界共通の問題でもある。民主主義を代表するアメリカとイギリスで見ていく。まずはアメリカ。

世界を代表する民主主義国家アメリカでも多くの問題を抱える。アメリカ民主主義の最大の問題は、大統領選挙などに、あまりに国家の精力を使い果たすことだろう。常に共和党と民主党で、大統領の地位を巡って、戦い続けている。

大統領になるための選挙活動に、多くの時間と労力、金を費やす。アメリカは、共和党と民主党の二大政党制で、大統領選挙は、本戦の二年前の中間選挙から始まる。そして選挙が終わったと同時に、四年後の選挙のための、不毛の活動が延々と行われていく。

最良の政策の、幾つかを決めればよいだけの話であるが、全米あげての、有効とは思えない選挙戦争を行い続ける。マスコミやインターネットなどにおいて。また後援会の戸別訪問等々。そして、対抗候補同士のありとあらゆる駆け引きや、あらゆる欠点をあげて批判しあう選挙戦。ののしり合うこともある。あれほどのエネルギーがあれば、いくつかの重要な政策は既に実行できるはずなのだが。次に挙げるのはその無駄な実例。

ロシア疑惑

二〇一六年（アスス二七三三年）（注）の大統領選挙は、トランプ大統領のロシア疑惑が問題になった。ロシア疑惑は、二〇一六年十一月八日に行われた大統領選挙の一ヶ月前から、トランプが有利なように、ロシアが干渉したのではないか、というもの。結局、約二年半後の二〇一九年三月に、バー司法長官は「証拠が見つからなかった」と、ロシア疑惑を否定。つまり、トランプの反対陣営が、トランプ大統領の当選を阻止しようと企てたものである。

二年以上に亘り、多大な労力と経費を費やしたロシアゲートは、結局はなかったのだ。トランプ大統領は、多くの時間をこの対策に費やしてしまった。米国民を巻きこみ、アメリカの多くの国力を消耗した。

一体これは何だったんだ。今回は大きな問題になったが、多かれ少なかれ、このような無用な戦いの後に、大統領が決まっていく。常に、次期選挙に向けての争いがある。

（注）アスス暦は我が国独自の暦。我が国は古代より、今と同じ天君《あまきみ》（天皇のこと）在位年による暦・元号と、今（平成二一年現在）より二七三七年前を起年とする、通し暦であるところの、アスス暦の二つを使い分けていた。アスス暦はグレゴリオ暦より七一七年も前から始まっている。従って、その差は七一七年。又、いわゆる皇紀より五七年古い。従って、差は五七年。

ウクライナ疑惑

疑惑はないというロシアゲートの結論が出たと思ったら、次に、民主党はウクライナ疑惑を持ち出した。これは明らかに二〇二〇年（アスス二七三七年）の選挙をにらんだものだ。常に選挙に向けての無用な戦いがある。

ウクライナ疑惑とは、トランプ大統領がウクライナ大統領との電話で、米国の軍事支援の見返りに、二〇二〇年の大統領選の有力候補である、バイデン前副大統領の息子の調査を依頼した、とされるもの。元々何もない、次の大統領選挙だけのためのものだ。

・ウクライナ疑惑の大まかな流れ

令和元年七月二五日　　二〇一九年　　アスス二七三六年

トランプ氏とウクライナのヴォロディミル・ゼレンスキー大統領が電話で会談。

〃　九月二四日　　〃　　〃

野党・民主党のペロシ下院議長はトランプ大統領の弾劾調査に着手すると表明。
〃　一二月一八日　〃　〃
米下院本会議がトランプ大統領をウクライナ疑惑で弾劾訴追。
令和二年一月一五日　二〇二〇年　アスス二七三七年
米下院本会議はトランプ大統領を弾劾訴追する決議を上院に送付。
(民主党が、上院で否決されるのが解っているのに送る。)
〃　一月一六日　〃　〃
共和党優勢の上院で、弾劾裁判が開廷。
〃　一月三一日　〃　〃
上院弾劾裁判、証人を召喚するための採決を否決。共和、民主両党は二月五日に判決を言い渡すことで合意。トランプ大統領は無罪となる見通し。
〃　二月五日（日本時間六日朝）〃　〃
上院弾劾裁判で、トランプ大統領の無罪判決が確定。
(無罪になることは、初めから解っていることで、これは民主党の党利党略のためだけのこと。そのために、国家の費用と時間、労力が無駄に使用された。)

アメリカ民主主義の大きな欠陥

ロシア疑惑、ウクライナ疑惑とも、元々共和党のトランプ大統領に非はないのに関わらず、次の大統領選挙だけのため、民主党が敢えて造り上げた、次期大統領選挙のための宣伝工作である。つまり、トランプの足を引っ張るためだけのもの。そのためだけに国民を巻き込んで莫大なエネルギーを使う。アメリカ民主主義は明らかに不合理である。

アメリカ大統領は全世界的な権力を誇る。従って、大統領の座をめぐって、壮大、壮絶な選挙戦争を行う。選挙が終わったら、次の大統領選挙に向かって、四年間、ありとあらゆる手段を尽くし、選挙戦を戦う。国力を消耗する。争う期間が長すぎる。そのために民主党、共和党とも、選挙に莫大な金と労力を費やす。

そして大統領になったとしても、一期目では、常に次の選挙を気にしながらの政治になる。これが大きな問題だ。つまり、政策が次の選挙に勝つための政策になりがちになる。票を取るための政策になる。常に選挙が、政治の足を引っ張り続けることになる。

アメリカ民主主義は、時間、金、労力ともあまりに無駄が多すぎる。しかし、アメリカではこれが最良の政治体制なのであろう。これしかない。皇室が存在する、ヤマト伝統の貴真体制より、遥かに劣るのは明らかだ。

アメリカは祭政一致

また、アメリカ歴代大統領の宣誓式は、宗教儀式の一環として行われ、聖書に手をあててキリスト教の神に誓う。明らかに祭政一致の儀式だ。司法も同じ。他もいろいろあるようだ。

このアメリカが『日本国憲法』で、政治と宗教の分離を押しつけたのだから、ひどい話だ。

完全な政治と宗教の分離を行っているのは、シナや北朝鮮などの共産主義国以外ないようだ。

ＧＨＱは、伝統のヤマト国体や神道を一切理解せず、ただヤマトの国力を削ぐ目的だけで、『日本国憲法』第二十条の「いかなる宗教団体も、国から特権を受け、又は政治上の権力を行使してはならない」を入れただけだ。仏教やキリスト教はこれでよいが、神道は別格だ。

従って、神道に限っては、これは無視してよろしい。話にもならない。ヤマト国は、「神《かみ》の道《みち》」（神道）六千年の伝統に基づく、祭政一致体制を、未来永劫続けていけばよい。

三、模範的な民主主義国家と言われるイギリスの問題の一部　責任逃れと国民投票の非効率さ、遅さ

次に、議会制民主主義のお手本と言われる、イギリスを取り挙げる。民主主義の根幹と思われる国民投票の結果の実施が、長きに渡って滞ったという問題である。民主主義がいかに不完全で効率が悪いか、良く表している。もはや呆れ果てるというレベルである。それ程酷い。

ＥＵ離脱問題で、イギリスの民主主義における議会制度があれほど、効率が悪いとは思わなかった。民主主義議会制度の基本といわれている国民投票が、あれほど非効率とは。

イギリスにとって、ＥＵを離脱するかどうかは、イギリス国家の進路を決める、極めて重要な問題だ。それがこの体たらく。

イギリスのＥＵ離脱、つまりブレクジットを決めた国民投票が行われたのが、二〇一六年（平

成二八年　アスス二七三三年）六月二十三日。離脱が決まったのだから、すぐ手続きに入ると思いきや、どのように離脱するか、という議会が永遠と続く。何年も経つというのに、結論が出ない。

また、国家の進路を左右しかねない、重要な国民投票を行ったにもかかわらず、当の責任者であるデビッドキャメロン首相は、同じ年の七月十三日に、さっさと首相を辞めてしまう。

これも民主主義の大欠陥だ。責任を取らない。取らなくてもいいのだ。どんな大きな政策を決定しても、辞職すれば何の責任も問われない。

議員は会社員と同じで、国家にとっていかに重大な問題を決定しても、翌日には辞めてよい。議員を辞めれば、普通の市民として暮らせる。誰彼に文句を言われることはない。そういう制度なのだ。明らかに狂っている。

離脱の主要議員、ボリス・ジョンソン外相も、七月一〇日、一旦辞任した。しかし、ボリス・ジョンソンは、少しは国家のことを考えているようだ。二〇一九年（令和元年　アスス二七三六年）七月二四日、首相に就任することになる。

ブレクジットの手続きは実に大変だ。そのため、誰もやり手がないので、それを承知でメイ首相は頑張った。しかし、いつ離脱できるか見通しがたたなかった。その後、メイ首相は二〇一九年（令和元年　アスス二七三六年）六月七日に、与党の党首を辞任した。

いずれは解決するだろうという異常な状態。しかしこれでもまだ、社会主義、共産主義より遥かにましだ。そして、民主主義やそれに基づく議会制度に、余りに大きな問題があることが、ハッキリ浮き彫りにされた。

ブレグジット（イギリスのEU離脱）の、迷走の主な流れ

平成二八年六月二十三日　二〇一六年　アスス二七三三年
イギリスのEU離脱の国民投票。EU離脱を決める。（ここから延々と、ダラダラが始まる）
〃　七月十三日　〃　〃
デビッドキャメロン首相は辞任。（さっさと、やめる）
〃　七月十三日　〃　〃
テリーザ・メイ首相就任
平成二九年三月　二〇一七年　アスス二七三四年
ドナルド・トゥスク欧州理事会議長、ブレグジット（英国の欧州連合離脱）を発動すると通知するメイ英首相の手紙を受け取る。
平成三〇年一一月一五日　二〇一八年　アスス二七三五年
英国と欧州連合が合意したブレグジットをめぐる合意案を、内閣が承認。
〃　一一月二五日　〃　〃
緊急EUサミットで、英国のEU離脱に関する離脱交渉の正式合意を発表。
平成三一年一月～三月　二〇一九年　アスス二七三六年

英議会が協定案を二回にわたり否決。
〃　三月　〃　〃
EUが四月一二まで離脱期限の延期を決定。英議会が協定案を三度否決。
〃　四月　〃　〃
EUが一〇月末まで二度目の離脱延期を決定。
令和元年五月
メイ首相が発表した新たなブレグジット計画に、与野党から非難集中。
〃　六月七日　〃　〃
メイ首相辞任。
〃　七月二四日　〃　〃
ボリス・ジョンソン前外相が首相に就任。
〃　一〇月一七日　〃　〃
欧州連合二七カ国は英ジョンソン政権とEUが合意した協定案を承認。協定案は英議会の承認が必要。
〃　一〇月二八日　〃　〃
EUは一〇月三一日としていた離脱期限を最長で二〇二〇年一月三一日まで三カ月延期することで合意。

〃　一一月六日　〃　〃

英議会下院が六日、解散。一二月一二日の総選挙に向けて、選挙戦が本格的に開始。

〃　一二月一二日　〃　〃

投票の英下院総選挙。保守党が大勝。二〇二〇年一月のＥＵ離脱がほぼ確定。

令和二年一月一〇日　二〇二〇年　アス二七三七年

英国の議会下院（定数六五〇）は九日夕（日本時間一〇日未明）、欧州連合（ＥＵ）からの円滑な離脱に必要な法案を、賛成三〇〇、反対二三一の賛成多数で可決した。

〃　一月二三日　〃　〃

ＥＵからの離脱に必要な関連法案が、二二日に上院を通過して、議会での手続きがすべて終わり、エリザベス女王の裁可を経て二三日、成立。

〃　一月二九日　〃　〃

欧州連合（ＥＵ）の欧州議会が、英国がＥＵを離脱するための協定案を承認。

〃　一月三一日（日本では二月一日）〃　〃

ようやくイギリスがＥＵから離脱。（余りに月日がかかり過ぎだ）

イギリスがＥＵとの決別を選んだ、二〇一六年六月の国民投票から、約三年半。国民投票は民主主義の基本とされる。そして、イギリスは民主主義の手本のような存在。しかし、そのイギリスの国民投票がこの有様である。何なんだ、これは。

民主主義、民主主義体制は、我が国伝統の貴真《たかま》体制とは比較にならないほど、桁違いに劣っている。我が国伝統の貴真体制であれば、しっかり準備して、一日で決められるのだ。

四、これでも共産主義よりはるかによい

このように、民主主義国家といわれている国々にも、大きな欠点があるのが解る。我が国からすると、民主主義国家、民主主義体制とは、立派な君主がいないための疑似国家と見える。

しかし、だからと言って、社会主義や共産主義のほうが良いということでは、決してない。共産党独裁政権による、ソ連やシナは何千万人の自国民を殺戮した。北朝鮮も同類。そして、シナは他国に侵略し、何百万人の他国民を殺戮し、現在も何百万人の人々を強制収容所に入れ、弾圧し続けている。これが民主主義体制より良かろうはずがない。

共産主義による共産党は、ヤマト自体や皇室、国民、国体を破壊する破壊主義であるのは明らかである。

共産主義について、研究は必要だ。しかし、共産主義者や共産党による、日の本破壊のための抗議や活動などは、全て禁止すべきなのは当然のことである。

現代では、共産党や共産主義者達は、名前を変え世論を欺き、反日主義者として擬態して存在する者も多いが、良く見極めて、これらも禁止すべきだ。

第二節　世界唯一、最強の貴真《たかま》体制

日の本では、既に約三千二百年前の第八代天神《あまかみ》・天照大御神の時代に、世界で最も優れた政治体制が創られ、何百年に亘り輝かしい成果をあげていた。これは我が国しかできない政治体制である。天照大御神により完成した、この政治体制をタカマ（貴真）体制とする。

「タカマ」の詳しい説明は前著に詳しく書いたので、参照願いたい。「タカマ」の漢訳を「貴真」として、この本で使用している。

貴真体制は、我が国唯一で、世界最強、人類最強の政治体制である。現在の民主主義体制でもなく、共産主義体制でも、勿論ない、我が国独自の政治体制が、貴真体制である。

これが、なぜ今日のヤマトに伝わらなかったのか。それは『ホツマ伝へ』の、その部分を日本書紀、古事記、先代旧事本紀などが、漢訳して正しく伝えなかったためである。

またなぜ、その優れた政治体制の伝統が、今日に伝えられなかったのか。それは、貴真《たかま》体制を支える臣《とみ》達にとっては、大変厳しい道であるためである。

貴真体制の根幹である「君臣《きみとみ》の道」は、臣達にとっては、大変難しく厳しい。臣達がその道に耐えられず守れない。そのために、貴真体制が機能しなくなり、伝わらなかった。

この体制が続いていれば、我が国の歴史は変わっていたはずだ。既に日の本はあらゆる分野のあらゆる文化が、現在より桁違いに優れて、桁違いの文明を誇る世界の超大国になっていただろう。理想の政治が二千年以上続けば自ずとそうなる。

従って、世界の歴史も変わっていた。既に、ヤマトはあらゆる面で世界の中心となり、ヤマトの平和は勿論、世界の平和も達成し、持続していたかもしれない。しかし残念ながら、そうはならなかった。

しかし、現代の科学技術の発達によって、この貴真《たかま》体制が復活できる時代になった。神代憲法は初代天神・国常立神よりあり、次第に発展し、完成したのは第八代天神・天照大御神の時代である。この神代憲法による『大日本国憲法』の柱が貴真体制であり、『大日本国憲法』は貴真体制によってのみ、その力を最大限に発揮される。

貴真《たかま》体制

初めての読者にとって、貴真《たかま》や貴真体制とは、聞き慣れない事周《ことば》であり、どういうことかと、不安になろうかと思う。そこで、その概要をこれから述べていく。

巻末に国体と貴真体制の図版を載せた。貴真体制とは、皇室を中心とした、ヤマトの統治機構のことである。しかし、単なるシステムではない。そこには、ありとあらゆる事を含む。

図版「貴真・元明け図」にあるように、我々国民の魂も含み、大変神聖な領域なのである。そして、貴真とは現代の政府のことでもあるが、それを支える全体も指す。貴真の核心は皇室であり、天皇陛下である。貴真を中心とした政治機構を、貴真体制という。

貴真体制と皇室（天皇と皇族）

我が国建国の初代天神《あまかみ》・国常立神《くにとこたちかみ》より、天神（天皇陛下）が貴真体制の中心であり、皇族の方々が天皇を支える。貴真体制の中心は皇室である。皇室は天皇陛下と皇族からなる。従って、明治憲法（注）第一条「大日本帝国ハ万世一系ノ天皇之ヲ統治ス」は、伝統に合っている。

貴真体制は『大日本国憲法』に則って行われ、『大日本国憲法』の第一条も、明治憲法と同じである。しかし、内容は同じではない。他の条文にも色々違いがある。「統治ス」というと、固い感じがするが、治めるというと、シックリくるかもしれない。

「天皇の統治」については、デタラメな『日本国憲法』は話にならず、論外である。「天皇は日本国の象徴」は、伝統の天皇の位の百分の一も表していない。貴真体制では、天皇陛下と皇族は、大日本国のマツリの全てに、実際に関わる。

皇室でなければ真のマツリは行えない。現代政治家は、全くと言っていい程、真の政治が行えていない。そもそも、マツリを行う資格はないし、荷が重すぎる。第一節で述べたように、今行われている政治が、このことを証明している。

マツリについては、前書で詳しく述べたので、参照して貰いたい。マツリ∨政治で、現代の政治を含むが、それより範囲が広い。

天皇陛下と皇族を中心としたマツリは、太平の世を持続させ、国民に最良の豊かさと幸せをもたらす。そして、皇室を中心としたマツリは、既に神代において、何千年にも亘る輝かしい実績がある。本物のマツリは、皇室でなければ出来ない。不可能だ。

第八代天神・天照大御神によって、人類最強で且つ世界最強の政治体制が既に確立していた。国民がこれを知ることは大変大切だ。それは皇室を中心とした貴真体制である。皇室中心の貴真体制という伝統を元に据えて、これを現代に生かしていく。

（注）『大日本国憲法』と似るので、『大日本帝国憲法』を「明治憲法」とする。

貴真体制と臣達《とみ》　貴真体制の柱の一つ

『大日本国憲法』の条文の中で、臣《とみ》の章を設けて、臣《とみ》の条文が入る。これが、臣がいかに大切なのかを表している。これが、明治憲法と『大日本国憲法』の大きな違いの一つである。

『大日本国憲法』に則とる貴真体制は、皇室が中心であるが、天皇陛下と心を一つにして、マツリを摂るのが臣達なのである。

臣達《とみ》の役割は極めて重要である。しかし、その役割が、日本書紀、古事記、先代旧事本紀などに伝えられなかった。そのために今日までハッキリ、具体的には解らなかった。臣達の役割の概要については、この第二節の後半でも述べる。

貴真体制と国民　基本的人権と自由主義　現代より国民を桁違いに大切にする

貴真体制下では、現代と同じように、基本は自由主義で基本的人権は守られる。言論などの自由もある。ただし、国民の義務を果たした上での自由であり、憲法や法律の範囲内というのは、現代と同じである。

驚くべき事に、神代には既に、国民の自由や基本的人権は存在していた。これも紀記や旧事紀などが一切伝えなかった。

欧米では、近代になって、人民の自由や基本的人権が発達した。ヤマトと欧米の自由や基本的人権は、重なる部分がある。それは同じ人間が中心だからであろう。そのため、我が国の伝統を基本に、欧米の良さも取り入れていく。

基本的人権は、時代の変化はあるが、守るのが初代天神・国常立神以来の我が国の伝統である。

また、現代でも自由は、何でも自由ではなく、公序良俗の範囲内という制限が付く。同じように、ヤマトの自由は、これに加え、国家、皇室、国民、国体を侮辱しない、破壊しないという掟が入る。我が国の伝統と公序良俗を守れば、後は自由にできる。

つまり、『大日本国憲法』による貴真体制下でも、現在の状態はほぼ維持される。更に良いことには、義務は勿論存在するが、国民は現代より遥かに大切にされるのである。

なぜならば、国民一人一人や、一家族一家族の面倒をよく見て、大切に育てるというのが、我が国の神代からの伝統であるためである。

勿論、国民とは、義務を果たす良民である。皇室を支え、皇室と共に六千年以上に亘り、国民として続いてきた。輝かしい日の本の国民には、いくつかの厳しい審査がある。反日運動をやり、皇室や国体を破壊しようとする人々は国民ではなく、これが適用されないのは当然だ。

どこの国でも、何でもかんでも自由ではなく、制約は付く。当然だ。そういう中で、人々が自由に考え、行動するのは良いことだ。一人一人が自由に想像力を発揮する。これが文化や豊かさ、国力の発展に繋がる。

言論も基本的には自由である。ヤマト国、皇室、国民、国体を大いに議論することはよい。ただし、ヤマト国、皇室、国民、国体を侮辱したり、破壊活動することは禁止される。

また、皇室や閣僚、議員などによる国民への講話や触れ合い、意見交換などが、日常的に行われるのも特徴の一つである。

貴真体制と企業　自由主義経済が原則

貴真体制下では、現代と同じく、自由主義経済が原則である。ただし、前項と同じく、ヤマト国、皇室、国民、国体を守り、これに反しないことが原則となる。

そして、真の自由競争ができる環境が、整えられることになる。友好国と協調しつつ、現代と同じ自由主義経済体制を維持する。

そして貴真体制により、ヤマトの企業は、多くの支援や利益を受けられる。効率よく合理的な貴真体制により、企業は競争力のある企業環境基盤、減税、安価で優れた人材などか用意され、極めて活動がやりやすくなる。世界的に強力な国際競争力が備わる。法制や規制も必要最低限に厳選される。これにより、外国へ移転している企業の、ヤマト回帰が大変多くなる。

神代は農業が中心だった。農業は国造りの基盤であり、天神初め多くの臣達が加わる一大産業だった。そして、第八代天神・天照大御神の詔「タクミ・アキドも　ヒコ・ヤサゴ」とあるように、農業と同じく工業、商業や、それに従事する国民を大切にするのが、我が国の伝統である。

日の本の産業を育成するのは、神代からの我が国の伝統である。神代から近代まで、米造りが我が国経済の中心であった。米作りは、皇室が中心となって、行ってきたものである。それが発展して近代、現代まで続く。ヤマトの産業、経済をとても大切にするというのが、我が国の古来からの伝統なのである。

企業活動が日の本の経済を支えている。大変重要だ。経済は、日の本のあらゆる政策の源で、あらゆる分野に関わる。従って『大日本国憲法』には、企業に関わる章「企業と国民」と条文が入る。

貴真と企業との太いパイプを設け、国際協調の範囲内で、手厚く育成、指導する。極端に保護すると、現代のシナのように、世界中から不公正だと批判の的になる。

今日、日の本の多くの富は、企業活動から生み出される。そして、何千万の国民が企業で働き、関わっている。従って『大日本国憲法』では、企業と共に従業員も大変重視する。企業と国民双方の理想的な環境を整えるという条文は、神代憲法に叶うことである。

そして、このような『大日本国憲法』と貴真体制により、抜群の世界競争力が得られ、ヤマトの豊かな大自然をなるべく損なわず、現代の何倍、年数を重ねれば一〇倍、何十倍の経済成長を持続する。シナを遥かに上回り、アメリカも引き離す。

貴真体制と選挙　国民の政策や法案はいつでも提出できる　選挙の必要がない

日の本は天皇陛下が治めるのであるから、天皇陛下が中心となって、首相、閣僚や議員などを任免する。天神《あまかみ》が臣達を任命するのは、神代からの伝統である。

これには、皇族や天皇直属の研究機関、諮問機関などの提言も参考にされる。そのため、貴真体制に移行するには、多少の月数が必要となるかもしれない。できれば一気に移行する。従って、選挙はない。選挙の弊害は既に第一節で述べた通りである。ただし、良民の提言や良い政策、法案は、地方議会や国会に自由に提出できる。そして、審議され通れば実行される。国民は具体的に、政治や行政への参加を大いに行える。そのために選挙の必要がない。

我々国民は、生活問題や地方と国の政治、行政などの諸問題を、直接、地方議会や中央議会に反映でき、実行されれば文句はない。

それが出来ないから、選挙を行い議員を選び、議員を通して、国民の意見、政策の実行を託そうとする。その必要がないのだ。

国民の提言や政策は、膨大な数になるので、全国に窓口や仕分けの専門機関が設けられ、効率良く行う。

天照大御神による、貴真体制の完成

伝統の貴真《たかま》体制は、いつから始まったかというと、起源は約一万年前の天御中主神《あめのみなかぬしかみ》時代からであるが、本格的には、初代天神・国常立神《くにとこたちかみ》から始まったと推定される。そして、人類史上最高、最強の貴真体制は、アマテラシマスヲヲンカミ（天照大御神）によって完成された。従って、天照大御神のことを、タカマともいう。

それを簡潔によく表すのが、天照大御神による「カの鳥の詔」と「都鳥の詔」である。「カの鳥の詔」と「都鳥の詔」は、ほとんど同じなので、ここでは「都鳥の詔」の読み下し文を挙げる。

今より二六七九年前（令和二年現在　当時のアスス暦はアスス五八年　サナト）ム月（正月）二〇日に第一三代カンヤマトイワワレヒコ天君（神武天皇　イミ名はタケヒト）が、橿原神宮で即位した時の、代々伝わる第八代天神アマテラシマスヲヲン神（天照大御神）による、日継ぎの詔である。今と同じく、天皇の即位式が行われた。読み下し文は加部。

アワお治《た》す　天《あめ》スベラギの
諸羽臣《もろはとみ》　カスガとコモリ
君臣《きみとみ》の　心一つに
都鳥（みやこどり）　形はヤ民《たみ》
首は君　鏡と剣
両手《まて》の羽《はね》　物部《もののべ》は足

鏡臣（かがみをみ）　継ぎ滅ぶれば
民離れ　日継ぎ践《ふ》まれず
剣臣（つるぎをみ）　継ぎ滅ぶれば
物部《もののふ》割れ　世お奪はるる
八《や》タヲミは　ソロ生《を》う春の
民業《たみわざ》お　鑑（かんが）みる目ぞ
垣《かき》ヲミは　横魔《よこま》お枯らし
物部《もののふ》の　力（ちから）守《も》る手ぞ
この故に　三《み》クサお分けて
授くるは　永く一つに
なる由《よし》お　アヤに記《しる》して
御手《をて》づから　文お御孫《みまご》に
授けます　セオリツ姫は
御鏡（みかがみ）お　持ちてカスガに
授けます　ハヤアキツ姫《め》は
御剣（みつるぎ）お　持ちてコモリに
授けます　三度《みたび》敬ひ

皆受くる　　　　　　　ヤマト日継《ひつ》ぎの
都鳥（みやこどり）かな
　　　　アスス五八年　サナト　ム月（正月）二〇日　（一）

この極めて重要な「都鳥（みやこどり）の歌」（一）は、この本の中で度々《たびたび》引用することになる。難解な「国体」とは、この「都鳥の詔」、または「都鳥の詔」の元になった「カの鳥の詔」による体制のことである。

また、天皇の高御座《たかみくら》の鳳凰は、国の形、国の体を表すこの「都鳥」または「カの鳥」を表す。「カの鳥」「都鳥」が鳳凰の源である。助詞の「を」は、実は誤りで、「お」が正しいので、そのママにしている。

貴真体制は人類唯一の正統な祭政一致体制である

・天照大御神によって完成　貴真体制は祭政一致体制

初代天神・国常立神より始まる貴真体制は、第八代天神・天照大御神によって完成された。この体制は、人類唯一の真正の祭政一致体制である。貴真体制は、太古より続く、ヤマト伝統の祭政一致体制である。

・欧米の神制体制とは違う

貴真体制が、常世国《とこよくに》や日の本から東ユーラシア大陸を経て、全ユーラシア大陸に伝わっていった、と考えられる。

しかし、移動距離や年数と共に、その内容は次第に変化し、変質していく。地域差もある。シナでいえば、シナの古代であればあるほど、理想的な政治が行われたが、その後は貴真体制の肝心の中心は、全く忘れられた。そして、現代の中共の如き、史上最大の凶悪獰猛な人民弾圧国家、殺人国家になってしまった。

シナの西方へも貴真体制は伝わったが、移動距離や年数と共に、真正の貴真体制は次第に失われていく。しかしそれは、国家や宗教という、普遍的な思想がなかった時代において、不完全でも、すばらしい体制に評価された。欧米の神政政治は長く続くが、内容が伴わないのだから、いずれ崩壊するのは時代の流れである。

従って、我が国神代の真正の貴真体制と、世界の祭政一致体制は形は似るが、その本質は全く違うと言ってよい。

・近代日本の祭政一致体制とも違う

ヤマトでも、明治憲法などにより、祭政一致体制が試みられた。しかし、正統の貴真体制、祭政一致体制が伝えられなかったために、不完全な試みに終わってしまう。

『ホツマ伝へ』の肝心の内容が、日本書紀、古事記、先代旧事本紀などに、正確に伝えられなかったために、正統の貴真体制、祭政一致体制とはいかなるものか、よく伝わらなかった。正統の貴真体制、祭政一致体制は、ヲシテ文書が発見されることによって、初めて現代に甦ることになる。

従ってそもそも、現代言われている、いわゆる祭政一致体制と、人類唯一の神代より伝わる正統の祭政一致体制には、色々な違いがある。

・世界唯一、人類唯一の祭政一致体制　伝統の祭政一致体制

真正の祭政一致体制は第八代天神・天照大御神によって完成された。その内容を良く表しているのが（一）の都鳥の詔である。

（一）は、神の道（神道）の奥義に基づく。これは国体を表している。そしてミクサノカンタカラ（三種の神器）を授かる君は神であり、左右の臣なども神でなければならない、ということである。君は代々神である。同じく、位は違うが、臣達も神でなければならない。

そして、神々がマツリを行う。そもそも政治は神が行うものであり、神でしか政治を行ってはならない。これが神代より続く、祭政一致体制である貴真体制の、大きな特徴である。

我々はこの世に生まれ、多くの恵みを受け、誰でも死んでいく。日の本においては、この間の、あらゆることが神道に関わる。その中心が皇室であり、貴真の神々達である。

我が国全ての伝統文化が、神の道に関わる。政治も神がマツリの道を行うのであるから、政治全てが神の道、つまり神道なのである。

つまり、我が国伝統の政治は完全なる祭政一致なのである。従って貴真体制は完璧なる、真正の祭政一致体制である。その中心は天皇であり、真正の祭政一致体制は、我が国しか成り立たない。従って、貴真体制は、世界唯一であり、人類唯一の政治体制なのである。

・正統な祭政一致の貴真体制による理想の政治

国民が、祭政一致体制に不満をいうのは、その祭政一致体制が偽物だからである。まともな政治ができていない。国民を弾圧し、搾取する。国民が豊かになれない。偽物だから、国民もそれを見抜き、政治と宗教の分離を望むということになるわけだ。

我が国正統の祭政一致制は、理想の政治を続けることが出来る。そのため、国民に平和と豊かさをもたらす。従って、自ずと国民の支持を受ける。これが出来るのは、我が国だけなのである。その理由は、日の本には皇室が存在するためだ。

貴真体制は完璧なる祭政一致である。これが許されるのは我が国だけである。我が国以外、真正の祭政一致政治は不可能。真似ることはできるかもしれない。しかし、我が国になることはできない。

真正な祭政一致の政治だけが、理想の政治、本物の政治を実現できる。これ以外、理想の政治、本物の政治は実現できない。我が国だけが、人類唯一、世界唯一実現できる。正当な祭政一致の貴真体制は、皇室を中心に理想の政治、本物の政治を追究し続けることが出来る。

・無駄な祭政分離の論争の停止

述べたように、我が国の政治は、世界唯一の独自で真正の祭政一致体制である。そして『大日本国憲法』もこれに基づく。神道が国教であるという条文も入る。

これにより、無用な祭政分離の論争が全くなくなる。この無駄な係争による時間、労力、財源や悪影響などの損失も、全くなくなるのだ。

貴真体制の臣は神でなければならない　神でなければマツリを行ってはならない

（一）の都鳥の日継ぎにより、ミクサノカンタカラ（三種の神器のこと）は、次のように授けられる。

神武天皇が天成《あめな》る文を授かる。そして、「両手《まて》の羽《はね》」のうち、左の臣・カスガがヤタの鏡を授かる。そして、右の臣・コモリが八重垣《やゑがき》の剣を授かる。

神武天皇は神（注一）である。また、ミクサノカンタカラ（三種の神器）の一つ、ヤタの鏡を授かる臣の、カスガも神でなければならない。そして、ミクサノカンタカラ（三種の神器）の一つ、八重垣の剣を授かるコモリも、神でなければならない。そして、ヲシテ文書にはカスガはカスガ神、コモリはコモリ神の位で活躍している。

つまり、ミクサノカンタカラを授かる臣は神であり、神でなければならない。神でなければミクサノカンタカラを受けてはならない。

同じく、政治は神でなければ行ってはならない。臣達を代表して、カスガ神とコモリ神が授かっている。三種の神器は直接受けないが、マツリ（注二）を行う他の臣も神の位となる。

例えば、神武天皇の時代は、三種の神器を受けたアメのタネコ神やクシミカタマ神以外に、アメトミ、アタネ、カツテ　ウツヒコ　タカクラシタなども神の位である。神でなければ、まともなマツリはできない。また、神でなければマツリ（政治）を行ってはならない。

（注一）ヤマト伝統の「カミ」の意味は、実は現代の辞書に載る「神」より遥かに深い意味が存在する。神の意味を次に挙げる。詳しくは前書参照。

一、自然や自然現象、人や人の行いの本質を捉え、その大いなる力や優れた力と、それを持つ自然や人のこと。これを神と敬う。

二、神社などに奉祀される御霊《みたま》。神社はモトアケに繋がる。日の本中各家庭の先祖の御霊《みたま》もカンクラ（神棚）より各地の神社を経由しモトアケに繋がる。

三、タカマ、モトアケの神々のこと。タカマ、モトアケには神々による雄大で壮麗なる大系がある。

四、天皇のこと。天皇は幾代《いくよ》の御祖《みをや》であり、かつ国民の親で御祖である。

五、天なる道に則り政治を行う重要な位の人々のこと。

六、ヲシテ文書に登場する神々のこと。いわゆる日本神話に登場する神々は実在の神である。

七、神には、神と人とホツマの大変奥深い関連がある。

（注二）「マツリ」とは「政治」の意味が含まれるが、「政治」より意味が広い。そして「マツリ」はあらゆる事に係わり、我々の魂とも関わるので、意味が遥かに深い。マツリ∨政治である。ヲシテ文献に載る「マツリ」の意味は大体次のように使い分けられている。

一、亡《な》き神、亡《な》き人などを祭る。崇める。

二、天地、神などを敬い祭る。

三、政治を行う。政策を議論し吟味をする、またその議論。神計りをする。（政治の中心はタカマである。従って「マツリ」はタカマ、モトアケ、魂、伝統などあらゆる事と関連する。）
四、あつくもてなす。優遇する。
五、補助動詞として。・・・申し上げる。差し上げる。
六、「たてまつる」（タツにマツルが付いた事周《ことば》であろう）として。
大体というのは、一、二、三の意味が重なるものなどがあるためである。これは意味が別れているといっても、元は「マツル」一つであるため。六の「たてまつる」は補助動詞とも思えるので、五に含まれるとみてよいだろう。

貴真体制と「君臣《きみとみ》の道《みち》」　貴真体制の肝　なぜ世界最高、最強なのか

忘れられてしまった極めて重要な伝統に「君臣《きみとみ》の道《みち》」がある。神である天神《あまかみ》（天皇）が、位は違うが、神である臣達と「トの道」を踏み行うことである。つまり、マツリを行うこと。

『大日本国憲法』の貴真体制では、この伝統の「君臣の道」が復活する。（一）の都鳥の歌は「君臣の道」によるマツリを表している。

天皇が多くの臣達と共にマツリを行う。（一）にあるように、臣達は皇室と「心一つに」して政治を行う。臣達は『大日本国憲法』では、おそらく何千という神数になる。

ということは、貴真体制では、皇族と共に、何千人の天皇が政治を行う、ということになる。だから、良い政治が行われないということは、絶対にない。必ず良い政治が行われるのだ。世界最高の政治が行われる。そのために、貴真体制は人類唯一で世界最強なのである。

「君臣の道」がなぜ衰え、忘れられたのか。それは臣達の責任が余りに重く、厳しいためである。

それが、現代の交通や通信技術などの発達によって出来るようになった。「君臣の道」は、神代憲法、貴真体制の中で、極めて重要な役割を担う。

貴真体制と「君《きみ》と臣《とみ》と民《たみ》」　貴真体制は君臣民主義《きみとみたみ》（きみとみたみ・しゅぎ）

（二）の都鳥の詔や、その元歌《もとうた》のカの鳥の詔も、紀記や旧事紀が伝えなかった。そのため、君《きみ》と臣《とみ》と民《たみ》の的確な関係が、今日までよく解らなかった。

我が国の伝統の国の体制（国体）は、君《きみ》と臣《とみ》と民《たみ》からなる。つまり君《きみ》・臣《とみ》・民《たみ》。マツリは、君と臣が中心に、君《きみ》・臣《とみ》・民《たみ》が一体となり、行うものである。

（一）の都鳥の詔において、君と臣と民が分けられているのが解ると思う。国体は君と臣と民よりなる。そして、君は神であり、臣も神でなければならない。

明治憲法は、一見我が国の伝統による憲法のようであるが、臣《とみ》と民《たみ》を同じに扱っていて、区別していない。これが明治憲法の大きな誤りの一つである。

今回取り挙げている『大日本国憲法』は、臣《とみ》と民《たみ》（国民）をハッキリ分ける。これがヤマトの伝統である。これにより、我が国の伝統をを受け継ぐ憲法となる。そうしないと、神である天皇陛下だけでは、国民の人口が多すぎて、治めきれないのだ。

また、君主主義は、君が主《おも》の主義である。民主主義は民が主《おも》の主義である。日の本の伝統は、君主主義でもなく、民主主義でもない。君臣民主義《きみとみたみ》（きみとみたみしゅぎ）なのである。君臣民《きみとみたみ》が一体であり、これが日の本の伝統である。「君臣民主義《きみとみたみ》」は筆者の造語。

（一）による、ヤマトの国体は、この君臣民《きみとみたみ》の全体を指す。『大日本国憲法』は貴真体制による憲法である。貴真体制は伝統の君臣民《きみとみたみ》主義によってなっている。君《きみ》と臣《とみ》と民《たみ》が別れている。君臣民《きみとみたみ》主義が、我が国の伝統である。貴真《たかま》体制は君臣民《きみとみたみ》体制でもある。

我が国の国体は、天皇を中心とした一つの超巨大な生命体である。そして、「君」「臣」「民」それぞれの役割が存在する。『大日本国憲法』は、「天皇」「臣」「国民」の各章を設けている。

貴真体制は天皇の直接統治と間接統治の併用となる

天皇が統治する、と表記すると何やら固い感じがするが、天皇と皇族に日の本を治めて頂く、ということである。

我が国建国の初代天神（天皇）・国常立神時代の初めの頃は、常世神自身が全てに関わった直接統治だったと思われる。

そして、優れたマツリにより、国民が次第に増えていく。すると、常世神だけでは治められなくなり、臣達と治めることになる。

神代では、遠い近いの違いはあるが、国常立神や天神の子孫達などが、臣として天神と共に、常世国、日の本を治めた。地方を治めるのも臣達である。地方では中央の指導が入るが、今と違い、かなり独立性の高いマツリを行わざるをえなかった。

このように、今から約六千年以上前の、初代天神・国常立神の初期の時代は直接統治であったが、程もなく直接統治と間接統治の併用になったと思われる。この時代が何千年も続いた。

現代は、ヤマトの規模は桁違いに大きくなっている。そして、皇族が何千人もいれば、ほぼ神代の統治を再現できるだろう。従って、是非なるべく多くの旧宮家に、皇族に復帰して、多くの子孫を残して頂きたい。

それまでは、今おられる皇室によって、臣達を任免して頂くことになる。何千人も任免することになるので、そのためにも、皇室には強力な情報、研究、諮問機関が設けられ、臣達を任免する。そして、天皇、皇族、臣達により、天皇の直接統治と間接統治が行われることになる。

このように、『大日本国憲法』では、直接統治が主体ではあるが、間接統治も多く取り入れている。『大日本国憲法』による貴真体制は、天皇の直接統治と間接統治の併用となる。

貴真、貴真体制と政府

（一）にあるように、貴真体制は天皇（君）と臣達（臣）と国民（民）よりなる。その中心にあるのが貴真である。貴真は現在の政府にあたる。従って、現在の政府の代わりに、貴真も使用する。

他に貴真の意味として、本書では、貴真議会を中心とした、天皇、皇族、内閣、議員や付属の諸機関を含めて、貴真や貴真体制とも呼ぶ。地方議会を中心とした地方体制は貴真に準じる。

準貴真となる。巻末の「国体・貴真図」参照。

伝統の政治は、皇室と共に、位は違うが、天皇と心を一つにした神々が行う。そして、この一騎当千の神々がマツリを摂るのが貴真である。

実は、貴真を真似たのが現代の政府であるが、全くの物まねである。現代の政府は貴真モドキというべきものである。貴真の何十分の一しか成果を出すことが出来ない。それは現代の議員が神でないためだ。そもそも、現代の議員達は、神ではないので、政治を行う資格がない。

貴真体制では、天皇と共に、神々による臣達の集団が、この後に述べる『大日本国憲法』により、天皇と心を一つにして、政治を行う。

皇族と同じ志を持つ何千人、何万人の神々がマツリを行う。日の本や全国の地方は、必ずよくなり、大いに発展する。日の本のあらゆる問題を解決し、あらゆる分野が栄え続ける。

貴真体制と内閣、議員など　選挙がない利点

神代では、政治はマツリの主要な柱の一つとして重要視されている。理想的な政治を行うことは神代からの伝統である。この伝統を現代に生かす。

首相を始め閣僚、議員などは、臣の位であり、神でなければならない。そして、天皇と心を一つにして政治を行わなければならない。これについては既に述べた通りである。

伝統の臣であれば、政治家達は真の政治が行うことが出来る。選挙がない。貴真の内閣、議員、都道府県の首長、議員などは天皇に直接任免される。そして貴真の議会は一院制である。

地方政治も同じ。よけいな党間や議員間などの、無駄な権力争いや悪しきシガラミはない。

貴真の首相、閣僚、議員は、原則実力主義であるが、任期が大変に長い。一〇年、二〇年は当たり前となろう。そのため、その時点で最高に優れた政策を十分研究し、短期、中期、長期の政策を理想的に実践できる。

貴真の議会では政策論争が中心になる。国家国民のためにどの政策、法律が効率的か、現場が必要としているか、最も良いかなど、政策を中心に十分議論が出来る。そのためには常に現場に足を運び、現場を把握し、政策研究に励む。議員のための直属の研究機関、諮問機関なども格段に整備、充実される。

現代政治と全く違うのが解ると思う。これが我が国の本来の伝統なのである。現代が異常なのだ。毎年閣僚が替わる、総理が替わる。政党同士の、意味が無く無駄な論争や争い。同じ政党内の、国民に関係ない権力争い。選挙地盤の住民との意味のないシガラミ、癒着の煩わしさ。このような状態の中で、まともな国家国民のための政治が出来るわけがない。不可能だ。

そして念のために述べておくが、貴真の議員になっての金儲けは一切できない。歳費などは支給されるのは今と同じだが、歳出なども含め全て公開される。金を儲け、会社内で権力を振るいたいのであれば、民間人のままで、民間の企業に勤めたり、会社を興すべきである。前書でも述べているが、貴真はそういう場所ではない。

これらを全て断ち切り、伝統のマツリの道に専念し、君臣の道により、国家国民のために理想的なマツリを追究し続ける。貴真とは、そういう領域だ。

貴真体制は軽量、最速、変幻自在で世界最強である

『大日本国憲法』の貴真体制は、天皇と心を一つにした何千人の神々によって、マツリが行なわれる。これは何千人の天皇陛下が、日の本を治めることと同じ事である。これに皇族全員の協力も加わる。

マツリの内容が桁違いに良くなる。ならないわけがない。そして、十年、百年と続けば、何倍、何十倍も日の本が良くなる。

これにより、日の本は、政治、経済、文化などのあらゆる分野で、世界で飛び抜けた存在になる。

例えば経済は、現代の何倍、何十倍になる。他国も大きくなるが、日の本は効率が良く強力な貴真体制によって、伸び率が他国を遥かに上回る。そのため、アメリカを抜いて、ヤマト経済は世界一になる。同じく国民も何倍、何十倍豊かになる。世界一豊かな国民になる。

そして、国が豊かになり、豊富な予算と高度な技術力により、大日本国軍の質と量も世界一になる。従って日の本が中心となり、世界の列強国と協力して、世界平和実現に貢献するということになろう。自ずから世界一の軍事大国になれる。

文化的にも、貴真体制による極めて高度で安定した政治により、百花騒乱という状態になり、あらゆる分野で世界に影響を与えることになろう。世界一の文化大国になる。そして、この状

態が持続し続ける。

これは、我が国にとって当然のことをすれば実現するのであって、決して国民に無理を強いるということではない。国民は無理をせず、普通に働き生活する。社会システム、貴真体制が優れているから、自ずから実現していくのである。

このように『大日本国憲法』による貴真体制は、世界最強、人類最強であるが、かつ軽量、最速で変幻自在でもある。なぜ、天照大御神が政治体制を（一）のように、「カの鳥」又は「都鳥」と鳥に例えたのか。

それは、鳥のように、貴真体制が、急発進、急上昇、急旋回、急停止など、空中を自由自在に飛び回れるようにと、鳥に例えたと思われる。貴真体制は変幻自在だ。

自然現象は勿論、日の本と世界のあらゆる条件や変化にも耐えうるのが、貴真体制である。そのためには、常にあらゆる変化を想定して、それに対応しておく必要がある。それも、貴真体制であれば、実現できることなのである。

第三節　神代憲法による『大日本国憲法』の各条文と各論

神代憲法は既に遥か古代、第八代天神・天照大御神によって完成されていた。今から約三千二百年前と推定される。

次に述べる『大日本国憲法』は、この神代憲法を元に、主に明治憲法を参考にした。

大日本国憲法　第一章　天皇

天皇は、国家国民のために、自らが憲法を発布する

神代の初代天神《あまかみ》・国常立神《くにとこたちかみ》より続く天皇家の『トの教ゑ』の一部分が、現代の憲法にあたる。『トの教ゑ』の内容は、既に述べたように、あらゆる分野に亘り、広く深い。

天皇が代々受け継ぐミクサノカンタカラ（三種の神器）の最高位が「トの教ゑ」である。正に日の本の憲法にふさわしい。天皇が受け継ぐ『トの教ゑ』を憲法とするのであるから、天皇が憲法を発布するのは当然のことである。

従って、明治憲法の憲法発布勅語「此ノ不磨ノ大典ヲ宣布ス」は伝統に合っている。現代『日本国憲法』の「主権が国民に存することを宣言し、この憲法を確定する」は我が国の伝統には全く合わない表現と思想である。

実際の手続きとしては、天皇が皇族や天皇直属の研究機関や諮問機関などの意見を参考にして、天皇自らが確定することになろう。

天皇は、国家国民のために、日本国を統治する　日本国を統治していただく

天皇が日の本を治める。統治する。これが古来より続く我が国の伝統である。これには色々深い意味が込められている。

我が国の創建は初代天神《あまかみ》・国常立神による。成った国が常世国《とこよくに》である。常世国がヤマト国、日の本の国となる。常世神《とこよかみ》が、豪族を征服したり、人民を征服して創建したということでは、一切無い。

『ホツマ伝へ』は第二十四代天君ヤマトヲシロワケ神（景行天皇）まで記されている。常世神以来、代々天神自らが先頭に立ち、詔を発し、自ら国土を開拓し、多くの国民や国々を治めてきた。天皇が自ら日の本を治める。これが基本で、直接統治である。

そして、時代が下り、国民の数も多くなり、国々も増えていく。そのために、天神《あまかみ》は皇族じめ神々と共に、「君臣《きみとみ》の道《みち》」により、日の本全体を治めることになる。直接統治と間接統治の併用である。これが現代に続き、未来も続いていく。

約六千年以上前の初代天神・国常立神より、天神（天皇）が我が国を統治するのが、日の本の伝統なのである。皇室に統治していただく。「統治」は固い印象があるので「統べ治める」とするとしっくりすると思う。「統治」はこの意味である。

人類最長で、世界で比べることができない、人類唯一無比、世界唯一無比の天皇陛下は第一三八代にあたる。そして、天皇は人類唯一で人類最高、世界最高の統治者である。

このような、かけがえのない天皇に治めて頂くことは、国民としてこれほど恵まれていることはない。そして、とてつもなく名誉なことなのである。

初代天神・国常立神《くにとこたちかみ》による我が国の創建　「天《あめ》成《な》る道《みち》」が成る　尊い我が国の創建

初代天神・国常立神が我が国を創建したのは、次による。「教ゑを民に　習わせて　国常立の　神となる」。

国常立神は、ヲシテを発明した天御中主神《あめのみなかぬしかみ》の子孫である。従って、初代天神・国常立神は、何千年に亘るヲシテと文による知識の蓄積によって、圧倒的な文化、文明を誇った。御子《みこ》には男御子八人と姫御子一人がいた。

文化文明の中には、科学的な思想や哲学などもある。マツリを始め、生活の分野では、食料の増産、衣料技術の継承発展などがある。序説の「トの教ゑの内容」に挙げたように、あらゆる文化を継承していった。

中でも、家造りの確立と普及は、人々の生活に大革命を起こした。国常立神のムロ屋により、初めて人々は、人らしい生活ができるようになった。国常立神により、人の生活の基本条件、衣食住が確立したのである。

あらゆる事が成っていき、ついに国常立神によって常世国《とこよくに》が創建された。「天成る道《あめなみち》」が成り我が国が創建された。

我が国の創建は、極めて重要なことである。読者も大いに関心があろう。我が国の創建を、指導者のいない村で例えると、解りやすいかもしれない。

子供も多く生命力もあり、身体強健で、研究熱心のため、山の幸や田畑の収穫料がいつも人一倍ある。そして、村人の生活全般はじめ、農作業の相談にものってくれる。不作の時には、余った食料を配り、種を分けてくれる。大変面倒見がよいため、村人の人望が大変あつい。

こういう人物であると、本人の意志に関係なく、自ずと指導者、村長になっていく。村が大きくなったり、多数の村ができていくと、忙しくて自分の田畑の仕事はできずに、全ての村、全村民のための専門の位になっていく。そして村人達は、収穫量にみあう初穂（税金）を、自然の神々やこの指導者に返すことになる。

つまり我が国の創建、天神は成るべくして成ったのである。天が成る。「天成る道」により国常立神が初代天皇となり常世国が創建された。「天成る道」についての詳しい解説は前書に載せた。

極めて奥ゆかしい代々の天神　天皇の伝統

「君は幾代《いくよ》の御祖《みをや》なり　これトコタチの　コトノリと」。「コトノリ」は「業績」のこと。

国常立神《くにとこたちかみ》は、我こそが王である、と言って常世国《とこよくに》の天神《あまかみ》（天皇）になったのではない。

天神はモトアケのアウワのごとく、国の中心であり続けることが極めて重要であることは、ヤマトの歴史が証明している。天神の重要さを詔としてではなく、自らの行動、業績によって示しているのである。常世神に限らず古代の神々は大変奥ゆかしかった。常立神の日々の行いや業績によって、国常立が天神となったのである。

この詔は、そのことと天神が代々継ぐことの大切さを奥ゆかしく、かつ天皇の日々の背中によって表している、というと解りやすいかもしれない。「君」であるから天神は男性である。

したがって、明治憲法第一条「大日本帝国ハ万世一系ノ天皇之ヲ統治ス」と第二条「皇位ハ皇室典範ノ定ムル所ニ依リ皇男子孫之ヲ継承ス」は国常立神以来の、我が国の伝統に合う条文である。

完璧な祭政一致体制　神道が国教である

我が国創建の天神・国常立神より、世界唯一、完璧な祭政一致体制が我が国の伝統である。常世神は極めて優れていた。生命力が溢れ、御子も多くいた。そして、常世神の知識、文化の源は文で、この文はヲシテ四八文字で記されている。つまり、常世神のマツリの源は、四八ヲシテで記されるモトアケなのである。

常世神の八御子《やみこ》は、元明けの元御位《もとみくら》、トホカミヱヒタメと同じであり、八御子が常世国の各国を治めていく。モトアケと貴真の関係は、前書や巻末の「貴真《たかま》・元明《もとあ》け図」参照。

これらのことから、常世神《とこよかみ》がモトアケをハッキリ意識し、具現化していることが解る。八御子・トホカミヱヒタメが、モトアケの元御クラの八元神《やもと》と同じであるため。神道の源はモトアケである。つまり、建国時からして、我が国のマツリは完全な祭政一致体制なのである。従って、神道が国教であるのは当然のことである。

数千年に亘る天皇と国民の極めて長く、強く、深い信頼こそが『大日本国憲法』の土台

天皇陛下は世界唯一無比、人類唯一無比の統治者である。天皇陛下は人類史上、世界最高の政治家でもある。そして、代々天神は大神主、哲学者、科学者でもある。

その歴史は数千年以上。一時波風の時代もあったが、既に、何千年にも亘る最高の統治の実績が歴然と存在する。そして、皇室は常に国民《くにたみ》と共にあった。数千年に亘る、天皇と国民の太い信頼関係、絆が今も存在するのである。

これも我が国だけの、世界唯一、現実に続いている奇跡である。この極めて長く、強く、深い信頼関係こそが『トの教ゑ』、『大日本国憲法』の土台であり、基本である。この礎を元に、現代の政治を行いやすいように、『大日本国憲法』を定めることになる。

タカマ・モトアケの中心が天皇

天のタカマ・モトアケは、天の御祖神《みをや》を中心に、穏やかに永遠に続いていく。そして、地上のタカマ、モトアケの中心は皇室であり、天皇陛下である。巻末「貴真・元明け図」と「国体・貴真図」参照。

天の中心アウワは天《あめ》の御祖神《みをやかみ》であり、ワ（地上）の中心は天皇陛下である。

そして、天皇陛下を皇族と多くの臣達が支える。天皇陛下を中心に、ヤマトとヤマト国民の平和で豊かな生活が、永遠に続いていくのである。条文は

「大日本国は万世一系の天皇が統治する。」

表現は明治憲法と同じであるが、内容は大いに違う。国名は、「日本国」と共に「大日本国」も使用する。日本は、そのまま使用する。意味の上でも、「大日本国」は「日本国」を強める。また、「大」の発音は「ダイ」で、語調が強く「日本国」を強調することになる。二重に強調している。本書の新憲法名を「大日本国憲法」としたのもこれによる。

天皇の具体的な統治　国家国民を守りきる

万世一系の天皇が日の本の国を統治するのであるが、具体的には、天皇が元首として、通常は憲法に則りヤマト国を治める。

一方、この憲法に書かれていないが、国家国民のために必要なことがあったらどうするか。その時は天皇が判断して、国家国民のため、伝統の詔を発し、命令する。

憲法に、『トの教ゑ』が、全て書かれているわけではない。憲法に書かれない特別な事、「天成《あめな》る道《みち》」に係わる事は数多くある。国民生活への心構え、先祖崇拝、子供の教育、突然の国民の激励や救助、想定外の大災害、突然の内乱による邦人、要人の救助、突然の外国による核攻撃、

それによる憲法機能の喪失、我が国の国体破壊、国家転覆等々。

現代世界は不確実性の時代とも言われている。それらから、いかに国家国民を守るか。『トの教ゑ』を守るか。

世界史の中で憲法の歴史は浅い。我が国で初めて明治憲法が施行されたのは、明治二十三年（西暦一八九〇年　アスス二六〇七年）である。わずか一三〇年前。『トの教ゑ』の全てが記されているわけではない。『トの教ゑ』の歴史は約六千年。

また、今の『日本国憲法』は、占領下におけるＧＨＱによる脅迫、押しつけ憲法で、昭和二十二年（西暦一九四七年　アスス二六六四年）施行。元々何の意味もない。また、例えこれを認めたとしても、たった一字も改正していない。そして、その内容の重要な箇所は、我が国の伝統を、ほとんど外している。

このように、『トの教ゑ』の一部しか書かれていなくても、また誤ったことが書かれていても、憲法があると何かと便利ではある。

『大日本国憲法』は明治憲法より更に伝統の憲法に近くなる。しかし、全てを書き込めるわけではない。ただ、通常はこの憲法に則り政治を行うのが、大変効率的である。憲法のこういう側面も知っておくべきだ。

日の本、皇室、国民、国体を守るために憲法がある。憲法を守るために日の本、皇室、国民、国体があるのではない。従って、時代に合わせて、憲法も変えていく必要がある。

また、元々天皇のあらゆる考え、行動は全て国家国民のためである。憲法に規定はないが、明らかに国家国民に良いことは、天皇が自ら判断し詔を発し、速やかにに実行する。いかなることがあっても、国家国民を守りきる。

明治憲法第四条「天皇ハ国ノ元首ニシテ統治権ヲ総攬シ此ノ憲法ノ条規ニ依リ之ヲ行フ」は大体伝統に合うが、天皇の憲法以外の統治については書かれていない。従って条文は

「天皇は日本国の元首であり、憲法の条規により、大日本国を統治する。2　天皇は自ら必要と判断すれば、あらゆる分野に亘り勅命を発令する。3　天皇の勅命は憲法に優先する。」

天皇は全ての臣を任免し、又は承認する

・古来からの伝統

第八代天神《あまかみ》・天照大御神の若宮《わかみや》時代の臣達は、第七代天神《あまかみ》イサナギ神とイサナミ神の二神《ふたがみ》が定めた。世継ぎ後は、天照大御神自身が定めた臣もいたと思われる。

第九代オシホミミ天神の世継ぎの時に、真手《まて》（左右）の臣は第八代天神・天照大御神が定めた。即位後は第九代オシホミミ天神自身が定めたと思われる。

時代は下り、天君《あまきみ》が神上がりしてから、次の天君が即位する場合には、主に次の天君が臣達を任命することになる。例えば、弟一五代タマデミ天君（安寧《あんねい》天皇）の即位時には、旧臣と新臣との入れ替えが行われた。新《あら》たの臣は、タマデミ天君が係わったと思われる。

旧臣と新臣問わず、御世《みよ》が変われば次の天君が任命することになる。天皇が、天皇と共にマツリを摂《と》る臣達を任命するのは、我が国の伝統である。

・現代では

『大日本国憲法』の第二章「臣」でも述べるが、日の本は天皇を中心に、皇室と資格を備える臣達で統治する。

本来は、天皇がその臣達の全てを指名し、任命し、免ずる。ただ、現代では古代に比べ、国の規模が大きくなったので、直接制と間接制の併用となる。

つまり、宮内庁、直属の研究機関、総理大臣、内閣などの臣は天皇が直接任免する。そして、国会の議員や都道府県や市区町村の議員などは、その長などが推薦し、天皇が承認を与える間接制も取り入れる。条文は

「天皇は全ての臣を任免し、又は承認する。」

天皇直属の皇室を中心とした強力な情報、研究、諮問機関の設置

神代では、既にタカマにおいて、「キギス」「キジ」「カラス」などで、情報収集や伝達などを行っていた。更に『フトマニ』では、統治のための、あらゆることを知ろうとしていた。良く国を治めるためには、その国々の統治の善し悪しや、国民の生活状態などを、知る必要がある。その上で、最適なマツリを行う。これが古来より続く我が国の伝統である。

天皇陛下が日の本を治めるのであるから、まず天皇陛下が、日の本のあらゆる事を知ることから始まる。そして、現代世界は各国との結びつきが強く、これは益々進んでいく。世界の正確な情報も必要となる。つまり、ヤマトと外国の膨大な情報が必要になる。

神代の伝統をいかに現代に実現するか。そのためには、まず天皇直属の情報収集機関が必要となる。これも伝統の、天皇と国民の信頼関係があるからこそである。もしも、悪魔の独裁者がこういう情報を収集したら、情報を統制、悪用し、私服を肥やして国民弾圧に使用される。天皇、皇室の直属の機関であらゆる情報を集める。そして、膨大な量なのでそれを分析し、いかに役立てるかの研究機関も必要となる。

そして国内外に関わらず、多くの重要な出来事が常に起きている。常日頃、その想定や対応を計る必要がある。従ってその専門の諮問機関も必要となる。

ヤマトと世界中の情報を収集し、分析、研究する。そして、ある分野を集中的に諮問する。これら全てを総合し、その上で、天皇自らの的確な詔が発せられる。

また、皇室や貴真や地方の貴真なども、専属の情報機関、研究機関や諮問機関を設けるので、これらと連携すれば効率も良くなり、より力を発揮するだろう。経済的にも良い。

情報機関、研究機関、諮問機関はその重要性からして、大規模になる。また、この機関の情報は重要なので、長官や委員などは臣の位になる。研究機関などの長官は皇室の方が望ましい。

従って条文は

「天皇は直属の情報、研究及び諮問機関を設置する。詳細は別途法律で定める。」

天皇は憲法を改正する

天皇家に代々伝わる『トの教ゑ』が憲法の源である。『トの教ゑ』は、基本は変わらないが、進化、分化し、膨大な量になっていった。時代に合わない条文は、「天成る道」に照らし、改正していくのが神代の伝統である。

天皇が憲法を制定するのであるから、天皇が憲法を改正するのは当然のことである。天皇が国家国民のために、必要であれば、憲法を改正する。あるいは改憲する。

あまりに異常な『日本国憲法』は、昭和二二年（西暦一九四七年　アスス二六六四年）五月三日に施行されて以来、七三年経った今も、一字も改正されていない。内容もさることながら、この異常性も際だっている。

天皇が憲法を改正するのは、伝統に合っている。実際には前項の諸機関の意見や皇族、内閣、研究者の意見も聞き、その上で天皇自らが決定するということになろう。

俊速の速さ

憲法は天皇が発布するのであるから、憲法の改正も天皇が行うのは当然のことである。そして、俊速の速さが『大日本国憲法』による貴真体制の特徴である。

憲法の改正は国家国民のために改正する。国家国民に必要なため、改正するのであるから、必要十分な準備をして素早く変える。当たり前のことだ。

当たり前のことが約七〇年間できていない。これによって、国家国民を不安にさらしてきた責任は重く、国家の損失も莫大である。

これからみれば、『大日本国憲法』による、天皇の憲法改正は光速のような速さであろう。『大日本国憲法』による貴真体制においては、必要な期間準備し、天皇の勅命によって、一日で改正する。条文は

「天皇は勅命により憲法を改正する。」

この条文は最後の、憲法の改正の章に入る。

皇位の継承

『ホツマ伝へ』に記される、初代天神《あまかみ》・国常立神より第二十四代ヲシロワケ天君《あまきみ》（景行天皇）まで、全て国常立神の子孫で、男性の天神（天皇）が代々受け継いでいる。

天皇は男性が代々受け継ぐのが、我が国、神代の伝統である。後に、男系の天皇が受け継ぐ事態が起こる。

天皇は男性が受け継ぐのが基本である。しかし、これは女性を軽んずるということでは無い。我が国の古来からの伝統は、男性を尊び、女性を尊ぶ。男尊女尊が我が国の伝統である。

従って明治憲法第二条「皇位ハ皇室典範ノ定ムル所ニ依リ皇男子孫之ヲ継承ス」は、神代か

らの伝統を受け継ぐ。条文は

「皇位は皇室典範の定める所により、皇統の男系の男性子孫が継承する。」

天皇と皇族が皇室典範を裁定すべき

憲法と同じく、皇室典範も極めて重要である。皇室典範は『トの教ゑ』に則り、『トの教ゑ』を継承する。そのため、皇室が皇室典範を定めることを憲法の条文に入れた方がよいと考える。

天皇と皇族が、皇族会議において、皇室典範の内容を取り決め必要がある。旧皇室典範の前文、天皇が「皇室典範ヲ裁定シ」は伝統に合う。

現代の皇室典範の危うさ

しかし、現代の皇室典範の皇室会議の議長は内閣総理大臣で、議員は十人である。そして議員のうち、皇族はたったの二人のみなのだ。これは我が国の伝統に全く合っていない。著しく反している。次は現代の皇室典範より

「第一条　皇位は、皇統に属する男系の男子が、これを継承する。

第二十八条　皇室会議は、議員十人でこれを組織する。②議員は、皇族二人、衆議院及び参議院の議長及び副議長、内閣総理大臣、宮内庁の長並びに最高裁判所の長たる裁判官及びその他の裁判官一人を以て、これに充てる。③議員となる皇族及び最高裁判所の長たる裁判官以外の裁判官は、各々成年に達した皇族又は最高裁判所の長たる裁判官以外の裁判官の互選による。

第二十九条　内閣総理大臣たる議員は、皇室会議の議長となる。

第三十五条　皇室会議の議事は、第三条、第十六条第二項、第十八条及び第二十条の場合には、出席した議員の三分の二以上の多数でこれを決し、その他の場合には、過半数でこれを決する。

第三十七条　皇室会議は、この法律及び他の法律に基く権限のみを行う。」

これでは天皇家の人数が余りに少なすぎる。皇族はたったの二人のみで、残り八人は政府や政党関係者や裁判関係者である。

このため、今の皇室典範は極めて危険なのである。なぜなら、天皇の存在を破壊する共産党や反日政党などの政党が、政府の大勢を占めた場合には、皇室典範やその内容を自由に変えられてしまうのだ。皇室を必ず破壊する。国体を破壊されてしまう。

また、必ず女系天皇、女性宮家を実現させる。すると、伝統ある日の本の国は中心から破壊され、混乱し、いずれは消滅してしまう。

それを狙っている。また、そのように仕組まれた。敵国はヤマトと戦火を交えることなく、皇室典範の内容を変えるだけで、ヤマトへの工作を完了し、ヤマト国を破壊する。『日本国憲法』も、今すぐにでも変える必要があるが、皇室典範も同じだ。

天皇が皇族達と相談して、天皇が皇室典範を裁定する必要があるのである。皇室典範は極めて重要なので『大日本国憲法』の条文に取り入れる。条文は

「天皇は皇室会議において皇室典範を裁定する。」

この条文と前の「皇位は皇室典範の定める所により、皇統の男系の男性子孫が継承する」は、『大日本国憲法』の二条とする。

皇室は神聖であり、侵してはならない　皇室は国民と共にあり、日の本の国そのものである

明治憲法の第三条は、「天皇ハ神聖ニシテ侵スヘカラス」である。この条文は我が国の伝統に合う。この条文は現代でも必要であり、さらに皇族も加えるべきであると考える。

共産党や反日主義者などが、デモなどで、皇室を公然と攻撃している。また、言論の自由と称し、天皇や皇族のありもしない事を書き立て、皇室を攻撃するという、およそヤマト人《びと》（日本人）ならあり得ないような事態が、平然と行われている。これは言論テロともいわれている。皇室への攻撃は、ヤマト、国体、国民への攻撃でもある。この攻撃を全て断ち切る。条文は「**皇室は神聖であり侵してはならない。**」（三条に入れる）

天皇は立法権を行使する

神代では天神《あまかみ》（天皇）により詔が発せられ、これが現代の法律と同じ効力を持つ。その詔は「天成る道」に則り、『トの教ゑ』に叶うものである。

天皇の統治は直接と間接の二段構えとなる。通常は間接統治の形を取る。貴真議会で審議され、議決した法律を、天皇が承認、発効し実行される。

天皇が多くの法律全てに直接関わるのは、負担が多すぎるし、効率的でない。貴真で審議される政策や法律は、直属の研究機関などで全てチェックする。その上で承認する。

一方、諸般の事情により、迅速に実行すべき必要などがあれば、天皇の詔として、法案を成立し実行する。

国家国民に必要な法律は、無駄に何ヶ月も審議する必要は全くない。天皇の詔は国家国民に必要なので発せられる。条文は

「天皇は議会で議決した法律を承認し、立法権を行使する。又は天皇は勅命により立法権を行使する。」

天皇は法律の公布と執行を命じる

神代では、天神の詔が発せられ、それがそのまま執行される。これが伝統であり、基本である。

『大日本国憲法』では通常、法案は唯一の国会・貴真議会により審議し決定する。そして、天皇が裁可して、公布、執行される。

一院制であり、これだけでも現代の憲法より早い。これに優秀で任期が長い内閣、議員が関わる。更に、各種の法案が、強力な議員直属の研究機関、諮問機関で常に研究されているので、よく練られ熟成され秀でている。必要で、的を射て、優れて、重厚な法律が、素早く成立する。

これがさらに天皇により裁可され、執行される。通常は間接制である。ただし、伝統の天皇直接制も取り入れる。つまり、天皇が勅令を公布し、その勅令がそのまま執行される。

条文は

「天皇は法律を裁可し、その公布と執行を命じる。又は天皇は勅令し、その執行を命じる。」

天皇は貴真の議会を招集し、その開会と閉会を命じる

神代では、天照大御神が貴真を主宰する。天神《あまかみ》が貴真の開会を命じ、閉会を命じるのは当然のことである。

天皇が貴真の議会を招集する。そして議会の開会と閉会を命じる。従って明治憲法の第七条「天皇ハ帝国議会ヲ召集シ其ノ開会閉会停会及衆議院ノ解散ヲ命ス」は伝統に合う。ただし、貴真は一院制であり、また議会に選挙はない。条文は

「天皇は議会を召集し、その開会と閉会を命じる。」

天皇は勅令を発する

通常は、主に貴真体制による間接統治による。しかし、国家国民のため、天皇が必要と認めた場合は、緊急か否かに関わらず、また議会の開閉に関わらず、天皇は必要な詔を発するのは当然の行いである。

天皇が発するのであるから、必要がなくなれば、天皇がその効力を延長すべきか、停止すべきかなどを決定する。

従って、明治憲法の第八条「天皇ハ公共ノ安全ヲ保持シ又ハ其ノ災厄ヲ避クル為緊急ノ必要ニ由リ帝国議会閉会ノ場合ニ於テ法律ニ代ルヘキ勅令ヲ発ス」はこの事態にほぼ合う。

ほぼ、というのは、必要とあらば、議会の開会中でも詔を発する。また緊急の場合は勿論、緊急でなくとも、必要であれば詔を発する。通常は天皇による間接統治であるが、直接統治も行う。

前項の天皇による勅令の執行とも重なるが、「公共の安全、災厄を避ける」という重要項目なので、重なってもよいと考える。条文は

「天皇は公共の安全を保持し、又はその災厄を避ける必要がある場合は、法律に代わる勅令を発する。」

天皇は「天成る道《あめなるみち》」に則り、詔を発令する

また、明治憲法の第九条「天皇ハ法律ヲ執行スル為ニ又ハ公共ノ安寧秩序ヲ保持シ及臣民ノ幸福ヲ増進スル為ニ必要ナル命令ヲ発シ又ハ発セシム　但シ命令ヲ以テ法律ヲ変更スルコトヲ得ス」も、我が国の古代からの伝統に合う。

しかし「但シ命令ヲ以テ法律ヲ変更スルコトヲ得ス」などは、入れなくてもよいのではなか

ろうか。天皇は国家国民のために必要な詔を発令する。

この条文も先程の「天皇は法律を裁可し、その公布と執行を命じる。又は天皇は勅令し、その執行を命じる」と重なるが、国家国民のためなので、よいと思う。条文は

「天皇は法律を執行するために、又は公共の安寧と秩序を保持し、及び国民の幸福を増進する為に、必要な勅令を発する。」

国及び地方公共団体の行政機構と文武官

国や地方の行政機構の決定や、文武官の任免、俸給などは、天皇自らが行う。主に直接統治を採用。後で述べるように、強力な天皇直属の情報機関、研究機関、諮問機関ができるので、これらの意見を参考にすることになろう。

これによって、現在、共産主義者や反日勢力が、深く国や地方の行政機構などに入り込んでいるのを、防ぐことができる。完璧に断ち切る。

また、命を懸けて戦う武官と文官は分けたほうがよいと考える。国軍は武官であり、警察、機動隊などは準武官であろう。内閣、議員、知事などは臣として、文官と区別する。

しかし、国と地方の規模が大きいので、文武官の任免、俸給などは間接統治も採用。天皇が国と全国の地方公共団体の骨格は決めるが、文武官の任免、俸給などは、天皇の承認の元、国と地方議会でも行うことができる。これにより、国と地方に広く入り込んでいる共産党員や反

日主義者の全てを断ち切る。
現在の人事院は、主に国家と地方の文武官の事務を司ることになる。文武官には一定能力の試験がある。しかし、どんなに能力があっても、国体を破壊する共産主義者や反日主義者などは、採用されない。当然のことだ。
また、文武官による、組合は禁止される。ただし、心身健康管理局などを設け、文武官の心と体の健康は守る。これは後に述べる民間の国民に準じる。条文は
「天皇は国と地方公共団体の行政機構の制度及び文武官の俸給を定め、文武官を任免する。又は、天皇の承認を得て、国会又は地方議会が各文武官の俸給を定め、文武官を任免する。」

国軍の保有を明記する

初代天神《あまかみ》・国常立神より何代に亘り、我が国には武器さえもなく、天神の詔のみで常世国《とこよくに》は治まっていた。しかし、国民の一部が武器を持ち、「天成る道《あめなるみち》」を侵し始める。そのために、貴真《たかま》もより優れた武器をもって、対抗することになった。

ミクサノカンタカラ（三種の神器）が揃ったのは、第八代天神・天照大御神の時代である。代々《よよ》伝わる『トの教ゑ』に、第七代天神イサナギ神の天の逆矛《さかほこ》を八重垣《やゑがき》の剣に改め、ヤタの鏡を加え、ミクサノカンタカラ（三種の神器）が完成した。約三千二百年前である。

八重垣の剣が国軍にあたる。我が国が、国防のための強力な軍隊を持つのは、神代からの伝

統なのである。明治憲法には「天皇ハ陸海軍ヲ統帥ス」とあり、陸海軍の保有が当たり前の事になっていて、伝統に合っている。

しかし、『日本国憲法』により、何十年も不毛の議論が続いているのは承知の通り。『日本国憲法』は明らかに我が国の伝統を外れている。『日本国憲法』は狂っている。

従って、敢えて憲法の条文に国軍が存在する条文を入れ、国軍を明記する。強力な国軍を持つことや、国軍が明記されること自体が、戦争の抑止力にもなるのである。

現代に必要な軍、組織を加える　強力な戦略研究機関の設置

現代は、サイバー戦争や、宇宙戦争に勝利した国が、絶対有利といわれる。従って国軍の構成を、陸軍、海軍、空軍の三軍に加え、サイバー軍、宇宙軍を加え五軍とする。

またヤマト国は島国なので、米軍の海兵隊や沿岸警備隊などは、ヤマトにこそ必要なのかもしれない。必要であれば、国会で良く審議して、天皇の承認を得て設ける。必要であれば憲法に加えてもよいだろう。天皇陛下に奏上する。

現代は一国だけでは国を守れないそうだ。まず国力に見あった精強な国軍を保持する。その上で、世界の友好国と協調しながら、日の本を守る。

防衛、国軍などについて、『日本国憲法』は、軍隊を持たないので話にならない。また明治憲法の最高戦争指導会議や大本営による組織などでは、陸軍の参謀本部と海軍の軍令部の統合が、うまく機能していなかった。

これが大東亜戦争時、作戦失敗の一因にもなった。万が一、敵国が宣戦布告してきた場合は、日の本は一丸となって戦う必要がある。従って、国軍の五軍を統合する最高司令部を、憲法の条文に入れる必要があると考える。

また、天皇が国軍を統帥するのであるから、常日頃、最高司令会議を主宰するための情報力が必要となる。世界の軍事情勢は広範囲で且つ専門化され、高度であり、武器などの進歩が早い。従って、天皇と最高司令部直属の強力な軍事専門の研究機関が必要になる。この情報を国軍はじめ、内閣、議会で共用すれば運営費も抑えられる。

他にも、米国のように、多くの専門機関が必要かもしれない。国防は国の最高課題の一つなので、国力の範囲内で、極力常時から備えるのは、国家国民のために、必要なことである。

ヤマトを絶対守る　皇室、全国民、国体、悠久の日の本を絶対守る

日の本は世界最強の国軍によって守られる。ただ戦術は時代によって変化する。現代で最も注目すべきは核兵器の問題である。これを書いているこの瞬間でも、我が国を何十回も全滅させうる原爆、水爆を搭載した核弾頭ミサイル何百発が、我が国に向けられている。

そして、アメリカが我が国を守ってくれるというが、その保証がないことを知るべきだ。例えば敵国により、我が国が核攻撃されたとする。するとアメリカが敵国を核攻撃する。そうすれば、その報復として、こんどは敵国が、アメリカ本土に核攻撃を行う。一発でも大都市に命中すれば、何十万、何百万人の犠牲者が出る。そんなことはアメリカは絶対にやらない。

従って、アメリカ軍は、核を用いて、ヤマトを絶対に守らない。自分の国は自分たちで守らなければならない。当たり前のことだ。いい加減に目を覚ませ。

優れた核弾頭ミサイル迎撃システムによって、予測できる一〇発、二〇発同時の核ミサイルは打ち落とせる。しかし、一〇〇発、二〇〇発同時の核弾頭ミサイル攻撃や、潜水艦からの不意打ちの核弾頭弾は全て打ち落とせず、何十万、何百万人の国民の命が犠牲になってしまう。

これにいかに対処するか。

そもそも敵国に、日の本に対して絶対に核攻撃させない手段がある。たった一人の犠牲者も出さない。出させない。それは日の本が核武装することである。よく言われる核抑止力である。

なぜ、何十年間も議論さえなされないのか。

米軍による広島や長崎への核爆弾攻撃は、もし当時ヤマトに同じ核爆弾があれば、行われなかった。米国がヤマトの報復を怖れるためだ。何十万の何の罪もない民間人の尊い命が、救われた。これは明らかに、アメリカ軍による戦争犯罪であった。米軍は戦争犯罪軍だ。

現代でも、我が国を核攻撃しようとしても、核で反撃されると解れば、敵国は絶対に我が国に対して核攻撃しない。出来ない。これを核抑止力という。

他に変わる兵器があれば、それが良いが、現代は核抑止力しかない。レーザー兵器が完成すれば、全ての核弾頭ミサイルを、瞬時に打ち落とせる。しかし、何らかの原因によって、電源を止められ、使えなくなったら、我が国は敗戦し、消滅してしまう。従って防衛のための核抑止力が必要なのだ。核弾道ミサイルは、存在するだけで、抑止力になる。その上で、強力なレーザー兵器も備えるのがよい。何重にもヤマトを守る。

絶対、ヤマトと皇室、国民、国体を守らなければならない。そのためには、国力に見あった防衛のための核弾頭ミサイルシステムの構築が必要となる。防衛のための強力な核武装である。

優れたヤマトの技術によって、世界最強の防衛核弾頭ミサイルシステムを構築する。これにより、敵国の核攻撃より、皇室、全国民、国体、悠久の日の本を守る。条文は

「大日本国は誇り高き精強の大日本国軍を保有する。二　大日本国軍は陸軍、海軍、空軍、サイバー軍、宇宙軍の五軍とする。三　最高司令部が大日本国軍の五軍を統括する。」

天皇の統帥権の正しい運用

第八代天神・天照大御神は国内が乱れた非常時に、最高司令官として、作戦を立てて指揮をとった。そして自らも、直接国賊とも戦い勝利した。

第七代天神・イサナギ神とイサナミ神も同じである。そして、第十三代天君・カンヤマトイワワレヒコ神（神武天皇）や第二十四代天君・ヲシロワケ神（景行天皇）も同じだ。

このように、天皇が国軍を統帥するのが、我が国の伝統である。従って、明治憲法の第十一条「天皇ハ陸海軍ヲ統帥ス」は、伝統に合う条文である。

時代は進み、現代の戦争の情報量は桁違いに多くなっている。従って、天皇はできる限り、

多くの皇族や重臣から意見を聞き、研究機関から情報を集め、その上で宣戦布告や作戦を決定することになると思う。

『大日本国憲法』では、この仕組みは条文に入れる。また、天皇直属の強力な情報、研究機関を設け、天皇が迅速に直接統帥することも残す。

常時は、天皇統治の間接統治とする。そして緊急時、必要があれば、天皇が直接に統帥権を発動し、即対応する。どのような状況にも、対応することが、我が国の伝統である。

皇族は天皇と共に、日の本の指導者であり、総理大臣や閣僚は政治の専門家である。五軍の最高司令官は軍事を司る。天皇直属の研究機関の意見も力になる。条文は

「天皇は皇族、内閣、最高司令官及び研究機関の提言を聞き、国軍を統帥する。又は、天皇は国軍を統帥する。」

天皇は国軍の編成と常備軍の予算を定める

天皇が最高司令部や五軍から成る国軍を統帥するのであるから、天皇が国軍の編成や予算を定めるのは当然のことである。明治憲法の第一二条「天皇ハ陸海軍ノ編制及常備兵額ヲ定ム」は伝統に合う条文である。

しかし、国軍の規模の大きさ、複雑さにより、天皇統治の間接と直接性を取り入れる。広く各方面の意見を聞き、決定する。国軍の統帥と同じになる。

これにより国軍の編成と予算に広範囲の提言が取り入れられ、国軍の強化に繋がる。チェック機能も働く。天皇の負担も減る。

必要な場合や緊急時には、直接天皇が命令を下すのは当然のことである。条文は

「天皇は皇族、内閣、最高司令官及び研究機関の提言を聞き、国軍の編成と常備軍の予算を定める。又は天皇は国軍の編成と常備軍の予算を定める。」

天皇は宣戦布告を行う

神代、天照大御神は国家転覆を狙う国賊達に対し、最高司令官として、タカマにて作戦会議を開き、神々を指揮した。また自ら直接、国賊と戦い勝利し、戦を収めた。従って明治憲法の第一三条「天皇ハ戦ヲ宣シ和ヲ講シ及諸般ノ条約ヲ締結ス」は、伝統に合う条文である。

敵国がミサイル攻撃や侵略してきた場合など、宣戦を布告をしてきたなら、直ちに天皇が敵国に宣戦布告を行い反撃する。天皇による最高指揮の元、国軍、防衛隊、全国民が一体となり敵国を必ずうち破る。

常に、戦争や作戦については、敵国にいかに対処するか、前もって皇族、議会、最高司令部、研究機関、諮問機関などで十分に研究し続ける。その上で、敵国が攻めてきたら、天皇が宣戦布告を行う。

緊急時には、素早く天皇が宣戦を布告し、日の本一丸となり、侵略する敵国を一人残らず討

ちのめす。その後、天皇が講和のための条約を結び、その他の条約を締結する。

このような天皇陛下による、毅然たる条文があり、且つ精強な大日本国軍、一億国民軍の存在することが、強力な戦争抑止力になる。ヤマト、皇室、国民、国体が守られる。条文は

「天皇は宣戦布告を行い、講和条約を結び、その他の条約を締結する。」

天皇は戒厳を宣告する

二神《ふたかみ》や天照大御神や神武天皇と同じく、第二十二代天君《あまきみ》・ミマキイリヒコ神（崇神《すじん》天皇）や第二十三代天君・イクメイリヒコ神（垂仁《すいにん》天皇）も、国家転覆を謀る国賊と戦い勝利した。

この時にも、天君が現代と同じように、戒厳をしいたと思われる。従って、明治憲法第一四条「天皇ハ戒厳ヲ宣告ス」は、我が国の伝統に合う条文である。

皇室が国内の敵により攻撃されたり、ヤマト国内地域の内乱は、これを鎮圧するのは当たり前だ。天皇は、国内の共産党、反日分子、国賊による国体破壊活動や反乱に対して、国民や国体を守るために戒厳を発動する。

また、敵国の何者かによって、ヤマトの一地域を攻撃されたり、占領された場合などの、緊急の場合も、ヤマトと国民を守るために、天皇による詔が発せられる。戒厳令を発動し、敵を完璧に打ちのめす。条文は

「天皇は戒厳を宣告する。　2　戒厳の要件及び効力は法律をもって定める。」

天皇は臣と民に勲章およびその他の栄典を授与する

天照大御神はじめ歴代天皇によって、臣や民がヲシテ（称号、栄誉や地位）を戴くのは、臣や国民の最高の誉《ほま》れとされた。天神が勲章およびその他の栄典を贈るのは、我が国の古来からの伝統なのである。

従って、明治憲法第一五条「天皇ハ爵位勲章及其ノ他ノ栄典ヲ授与ス」は、我が国の伝統にほぼ合う。ただし、『大日本国憲法』に爵位はない。

全身全霊を尽くし、国家国民のために尽くす臣達にとっては、勲章は最高の名誉の一つであろう。晴れやかな大切な行事である。単に勲章の授与だけではなく、貴真の中心で執り行われる魂の行事でもある。

これは今後の予想であるが、このような臣達の中から、神社に永遠に祀られるような、偉大な臣達が現れてくると思われる。特別に活躍した民も頂ける。爵位は特にないので条文は

「天皇は臣と民に勲章およびその他の栄典を授与する。」

天皇は、大赦、特赦、減刑及び復権を命令する

天照大御神の時代に、既に貴真により大赦が行われていた。その後も続いたと考えられる。

現代は、人口も多く、刑を受ける人数も多い。従って、司法関係者はじめ天皇の直属研究機

関などや皇族、内閣などの意見を採り入れて、天皇が命令することになろう。
明治憲法の第一六条「天皇ハ大赦特赦減刑及復権ヲ命ス」は、伝統に則る。条文は
「天皇は大赦、特赦、減刑及び復権を命令する。」

天皇、皇族専用の情報チャンネルの設置

天皇、皇族、貴真、議会、議員それぞれ必要であるが、ここでは主に皇室についてのみ。天皇と国民との信頼関係は、初代天皇・国常立大神以来変わらないのが、我が国の伝統である。いかなることがあろうと変わらない。

そして、皇室は『大日本国憲法』の条文「皇室は神聖であり侵してはならない」によって、言論テロより守られる。皇室は天皇と皇族のこと。

更にこの伝統を、現代の通信、映像、印刷技術などによって、確固とした揺るぎない状態に保とうとするものである。

これから挙げる条文は現代だからこそできる。基本は変わらないが、時代に合わせて、より強固にしていくというのが、「天成る道」の特徴である。

天神の詔（みことのり）とメディア

神代より、貴真より発せられる天神の詔が、口頭や文書で各国に伝えられ、それが国民に伝えられていった。

貴真の詔は、全て国家、皇室、国民、国体を重んじる内容となる。公のものである。これが基本だ。そして、国や国民が増えるに従い、国民の娯楽の要素も加わっていく。

つまり、神代の詔が発達すると現代のメディアになる。従って我が国においては、基本的には、皇室でなければ、公のメディアに関わってはならない。扱えない。それ程、あらゆる面で影響力があるということなのだ。公の情報と民間の情報を区別する事が大切。

そのため、強大な影響力を持つメディアを、共産、反日主義者達は、必死になって抑えようとする。そして、悪用しようとするわけだ。既に多くのメディアが侵食されてしまった。

我が国においては、天皇陛下が詔を発令することによって、国民に最高、最良の影響力を行使できる。国家、皇室、国民、国体に良き影響を与える。

ただし、国民の数が多くなったので、皇室直属の公共メディアを中心に、民間メディアにも活躍の場が与えられる。

公（おおやけ）と民間を分ける

貴真体制において、法律の範囲内で、民間のマスコミは自由である。自由主義をとる。不敬罪を復活するといっても、皇室の記事を民間のマスコミが取り挙げることに変わりはない。

公である皇室の存在を、現代は、民間メディアしか伝えないことに問題がある。また、国営放送であるべきＮＨＫは民間と同じか、民間以下になり下がってしまった。公である皇室、政府が発信する言論を、そもそも、全て民間のメディアに任せること自体が間違っているのだ。

民間企業なので、自分の利益のために、会社を経営している。大口の出資者がいれば、その意向を反映する。それが敵国の関係者であれば、敵国は相手国のメディア操作を必死に行う。例え敵国であっても、巨額の資金を受け取れるのであれば、民間会社なので靡いてしまう。国民に伝えるべき公の情報を国民に伝えない。意図的に曲げて国民に伝える。嘘をついて国民に伝える。敵国に有利なように情報操作をする。

民間なので、国家国民にカマケていられない。平気で敵国の金額に見合う情報操作や誘導を行っている。国営といわれるＮＨＫでも同じで、既にＮＨＫはシナや朝鮮に乗っ取られているとも言われている。実にまずい状態だ。欧米に対しても同じ。これらを全て改善する。

ＮＨＫは大改革を行い、完璧に正統な国営放送に戻す。既にネットワークが出来ているので、中身を全く変える。これで費用が安く済む。

国営放送なので、職員は全てヤマト文官になる。これにより、シナ・朝鮮人や共産・反日主義者を全て叩き出す。断ち切り、ヤマトを守る。

そして、天皇が任命する臣達が、直接ＮＨＫを運営、管理する。中身をそっくり変え正常な状態に戻す。現在があまりにも異常な放送がされているので、それを当たり前の状態にするだけのことだ。

そして、その施設を元に、適切な拡充を図る。これが経済的にも良い方法であろう。受信料は当然無料となる。豊富な国家予算をこれに充てる。

民間のマスコミは自由である。ただし、皇室不敬罪などの憲法、法律の範囲内に限られるのは当然だ。

自由主義には良き点もある。民間メディア各社は、憲法や法律の範囲内で、自由に利益を追求する。自由主義の利点は残す。これにより、民間の発展、活性化、創造性を促す。

正しい天皇、皇族、貴真の姿を国民に伝える

国営で皇室専用の、テレビ、ラジオ、ネットのチャンネルや新聞、週刊誌、月刊誌を発行し、直接皇室の情報を国民に伝えることが必要と考える。

これにより皇室の正しい考え、政策など、あらゆる事を国民に伝える。直接、伝えられるので、皇室と国民の関係がより確固となる。

後でも取り挙げるが、貴真議会や臣、議員たちと国民との専用チャンネルも設けるので、同じ組織、設備を共有でき、費用節約になる。全国なので、かなり大きい専門部局が必要になる。この部局の長は、皇室、貴真、準貴真などの重要な情報を扱うので。皇族がふさわしいと考える。

民間人が、真の国営放送の経営、運営は絶対できない、それは現代のマスコミが証明している。これは、政治でも同じであり、他の公の分野も同じなのである。

同じチャンネルに、政府、内閣の記事や国防、伝統などの記事を適宜入れて、一本化するので経済的によい。他に運営の方法はいろいろあろう。目的は正しい天皇、皇族、貴真の姿を国民に伝えることである。皇室と国民のトの絆を保つこと。これが我が国の古来からの伝統なのである。

天皇、皇族が有ってこそ

今述べている仕組みが完璧に行えるのも、日の本に皇室があってこそ可能となることである。我が国だから行える。

皇室と臣達と国民がしっかり結ばれる。いかなる事態にもびくともしない。現代の技術で、この関係を強固なものにする。重要なので憲法にも明記する。

魔物のような独裁国家では、同じ事が出来るが、内容は百八十度全く違う。間違いなく悪用される。悪魔のメディアとなる。これらの国は独裁者自身のために行うが、ヤマトは国家国民のために行う。同じ仕組みでも、我が国には皇室があるので、国家国民のために善用される。

条文は

「天皇は正しい皇室の姿を国民に伝える皇室専用の情報局を設置する。詳細は別途法律で定める。」

天皇と国民の信頼関係の充実一　皇室と国民

初代天神・国常立神は直接国民を指導した。天照大御神の時代にも、天照神は直接、臣達や国民の前で詔、訓話を行った。これが本来の我が国の伝統である。これを憲法の条文に入れ、現代に生かす。

天皇と臣達の関係については、「臣」の項で述べる。天皇と国民との関係は、親と子や孫などとの関係と考えられていた。第八代天神にして、現代のイセ神宮の主祭神・天照大御神の勅「万《よろ》の齢（よはひ）の　御子《みこ》と彦　やや千代《ちよ》保つ　民も皆　クニトコタチの　子末《こすゑ》なり」。また国体「カの鳥」「都鳥」の中でも、国民は国と一体である。「(国体の)形はヤ民」とある。

『大日本国憲法』では、国民は貴真体制や国民の家などによって、現在より遥かに国家と身近になる。国民の政策や法案も、他方議会や貴真に伝えられる。後で取り挙げる「国民」の項の、国民の家は、国民の日常生活に寄り添うものである。これに加え、皇室と国民との直接の連絡会議を設ける。

天皇と臣達により、直接、間接の統治が行われる。この上更に、天皇と国民の連絡会議を設置、運用し、天皇と国民との直接統治の伝統を現代に実現する。

天皇と国民の信頼関係の充実二　皇室と企業

それに加え、現代社会において、企業の占める割合が大きくなったのも現代の特徴である。現代の国民は、国と企業と、二重に関わって活躍しているとも言える。総務省統計局によると、ヤマトの人口一億二六一四万人（令和元年一〇月推定）のうち、就業者数は六六六四万人（平成三〇年）。企業数は約四〇〇万社ある（令和元年調査）。国内総生産の多くも、企業が生み出す。企業の占める役割は大変大きい。企業の構成員は国民であるが、企業はまた違う一つの組織体でもある。

神代でも、皇室に繋がるこのような素朴な組織はあったと思われる。しかし現代は、遥かに大規模、且つ複雑化している。従って現代では、皇室と国民、皇室と企業の二系統の繋がりが必要になろう。

『大日本国憲法』では、第六章「企業と国民」などの章にもあるように、今より強く、企業と国会や都道府県の議会と連携する。これに皇室との関係も保ち、更に企業の立場を自覚させ、国内活動を円滑にし、より国力を上げることに繋げる。これは皇室と国民に加え、皇室と企業の従業員との関係を充実することにも繋がる。

皇室や臣達は、時間があれば、全国企業の視察を行う。今も行われているが、伝統の新しい皇室は、質量とも桁違いに充実することになる。条文は
「天皇は皇室と国民、企業との連絡会議を設置する。詳細は別途法律で定める。」

国教を神道とする

初代天神・国常立神より「神の道」(神道)は創始され、現代まで続く。起源は何万年、何十万年前に遡る。その地上の中心が皇室であり、最高位が天皇陛下である。そして、皇室中心の貴真体制は、人類唯一、世界唯一で最高、最強の祭政一致体制である。従って神道を国教とするのは当然のことである。我が国の全ては、神道に係わる。

第二節「世界唯一、最強の貴真《たかま》体制」でも解説したように、我が国は独自の極めて優れた祭政一致体制が備わる。これは、皇室がおられるために、我が国しかできない体制である。

現代政治は、政治のみであるが、実は臣達の行う道は、政治のみではない。政治は臣の行う伝統の「神の道」の一部分。臣達には他にも多くのことが求められる。それが神のマツリである。この道を行うことが「神の道」。

現代言われている神道は、次の神道の意味の二に当たる。狭義の神道の意味を表す。実は神道の意味には一と二がある。

「神の道」(神道)とは
一、神々がトの教ゑを行い続けること。① 神である君が天なる道に則りトの教ゑを行い続けること。多くの分野に渡る。② 中でもマツリ(政治)は大きな柱である。マツリは君一人ではなく君臣の道により民と供に実践される。君臣が民と共にマツリを行い続けること。
二、神上がりした神を敬い崇め続けること。現在のいわゆる神社神道にあたる。
「神」については、前書や本書第二節「世界唯一、最強の貴真《たかま》体制」の中の注で述べた(四七、四八頁)。「天なる道」「トの教ゑ」などについては、前書を参照して貰いたい。

神である皇室や臣達が、神上がりした神々を敬いつつ、マツリを行うことが「神の道」、神道である、とも言える。そして、臣達が神である皇室と共に「神の道」を踏み行うことは、国家国民に大変良い。全国民に豊かさと生活のし易さをもたらす。従って、国教を神道と定める。

また、この条文により、現代問題になっている、政治と神道に関わる無用な気遣いや無駄な裁判などは、一切必要なくなる。この問題を全て断ち切る。条文は

「大日本国の国教は神道である。」

国旗を日章旗及び旭日旗とする

伝承が途絶えてしまったようだが、日章旗は天照大御神による。そして旭日旗はトヨケ神による。

日章旗は、天照大御神の次の詔による。

「　　　マトの教ゑは
昇る日の　モトなる故に
ヒノモトや　しかれどヤマト
な捨てそよ　　」

また旭日旗は

「(タマキネは)　洞《ほら》お閉ざして
隠れます　その上に立つ
アサヒ神　」

「ヒカシラは　ヒタカミよりぞ

治まりし　」

によると思われる。タマキネとはトヨケ神のイミ名。トヨケ神は第五代タカミムスビ神のこと。「ヒタカミ」はトヨケ神が治めていた国で、出身地でもある。

これにより、日の丸は、約三千二百年前の、第八代天神・天照大御神の詔によるものである。天照大御神の母方の祖父が第五代タカミムスビ神であり、イセ神宮外宮の御祭神・豊受大御神である。マナイでトヨケ神が神上がりした後に、洞の上に建てられたのが旭日の宮である。旭日の宮が旭日旗の源と考えられる。

日章旗と旭日旗は、イセ神宮の御祭神である天照大御神と豊受大御神に因む国旗であり、誠に日の本の伝統にふさわしい。天照大御神と豊受大御神は男神である。

国旗を日章旗及び旭日旗とすることにより、国旗問題を解決する。国旗に関わる無用な気遣いや無駄な裁判などは一切なくす。断ち切る。条文は

「大日本国の国旗は日章旗及び旭日旗である。」

国歌を定める

我が国の国歌を何にすべきか。それは、第八代天神・天照大御神の詔「カの鳥」と、この歌に因む「都鳥の歌」が最適であると考える。「都鳥の詔」は第二節で掲げた。

アワお治《た》す　天スベラギの

諸羽臣《もろはとみ》
君臣《きみとみ》の
都鳥（みやこどり）
首は君
両手《まて》の羽
鏡臣（かがみをみ）
民離れ
剣臣（つるぎをみ）
物部《ものふ》割れ
八タヲミは
民業《たみわざ》お
垣《かき》ヲミは
物部《もののふ》の
この故に
授くるは
なる由《よし》お
御手《をて》づから

カスガとコモリ
心一つに
形はヤ民
鏡と剣
物部《もののべ》は足
継ぎ滅ぶれば
日継ぎ践《ふ》まれず
継ぎ滅ぶれば
世お奪はるる
ソロ生《を》う春の
鑑（かんが）みる目ぞ
横魔《よこま》お枯らし
力（ちから）守《も》る手ぞ
三《み》クサお分けて
永く一つに
アヤに記《しる》して
文お御孫《みまご》に

授けます　　　　　セオリツ姫は
御鏡（みかがみ）お　持ちてカスガに
授けます　　　　　ハヤアキツ姫《め》は
御剣（みつるぎ）お　持ちてコモリに
授けます　　　　　三度《みたび》敬ひ
皆受くる　　　　　ヤマト日継ぎの
都鳥（みやこどり）かな

アスス五八年　サナト　ム月（正月）二〇日　（一）

この歌は国体の詔（みことのり）である。国体が誠によく表されている極めて重要な天照大御神の詔である。天皇、臣、国民と「君臣の道」も載る。

従って、国歌もこの詔の中から採用するのが、最も良いと考える。長いので、色々な場面に合わせて、曲の長さも変えられる。「君が代」のように短いのであれば、例えば

「君臣《きみとみ》の　　　心一つに
都鳥（みやこどり）　形はヤ民」
または
「君臣（きみとみ）の　心一つに
都鳥（みやこどり）　形はヤ民

首は君　　　　　　鏡と剣
両手《まて》の羽」

のようにすれば、ここには天皇、臣、国民と「君臣の道」などが入っている。いずれにしても（一）の歌から、日の本の国歌を造るのが、最もふさわしいと考える。

現代の「君が代」は、国体の中の君しか取り挙げていない。臣、民、「君臣の道」が入っていない。ただ、明治時代より国民に大変親しまれている。

従って、当初は「君が代」を第一国歌とし、「都鳥の詔」を第二国歌とする。そして作詞を整え曲を付ける。その後、ヲシテ文書がよく国民に理解されてから、「都鳥の詔」を第一国歌としたらどうか。

国民がヲシテ文書を良く理解すれば、「都鳥の詔」の重大性からして、自ずと「都鳥の歌」が国歌になると思う。その時点で憲法を変える。勿論可能ならば、いきなり「都鳥の歌」を国歌とすることもできる。

現代憲法の中に、国歌の条文が入っていない。そのために、煩わしく無用な論争が起きているようだ。『大日本国憲法』の条文に、国歌を定めることによって、国歌に関わる無用な争いを断ち切る。条文は

「大日本国歌を君が代とし、第二国歌を都鳥の歌とする。」

天皇は自らの自浄力を発揮する　天皇は臣と国民の模範である

国家権力の最高機関で、自浄力を発揮するのは、世界の奇跡である。しかし、我が国の古来からの伝統は、最高機関での自浄力は、当たり前のことなのである。そのため、我が国は、常世国の創建時より、一度も途切れることなく続いているのである。

実は、天照大御神も、マツリを誤れば、マツリの責任をとっていた。弟ツキヨミによる不祥事の責任をとる。「汝サガなし　会ひ見ずと　マツリ離れて　夜来ます」。

また、もう一人の弟ソサノヲによる「天の岩戸開き」の言い伝えは、アマテル神がその責任をとる意味も含まれている。身を守ると共に、統治に対する責任をとり、天の岩戸にお隠れになった。謹慎も含むと考えられる。「君怖《きみおそ》れまし　岩室《いわむろ》に　入《い》りて閉ざせば　天《あめ》が下　光闇《かが》も綾《あや》無し」。

天皇は日の本最高の神であるが、人間でもある。従って、失敗することもあるだろう。そのため必要があれば、天皇自ら、統治に対する責任をとる。これが我が国の伝統である。

「天成る道」において、実は我が国は実力主義なのである。「天成る道」を行えるかどうか、それにかかる。従って、皇室の充実は極めて大切だ。

臣である神代の神々や国民《くにたみ》は、盲目的な天神《あまかみ》に対する信仰はない。物事の本質を良く見極めていた。神であっても人間であり、誤ることはある。それを認める大らかさが神代にはあった。

現代も、皇室に対する大らかさが必要だ。

誤った場合の対処が重要なのだ。余りに決定的な、取り返しのつかない失敗でなければ、その後いかに振る舞うか。それを良く見極めていた。

天皇が最高位なので、禊ぎ、謹慎、蟄居や退位を天皇自らの意志により行う。天皇の自浄力に委ねる。その時期については、天皇が国家国民に与える影響を、最小限に抑えるように考慮されるだろう。条文は

「天皇は自らの意志により、禊ぎ、謹慎、蟄居又は退位を行う。」

皇室典範により摂政を置く

摂政の制度は、第二四代天君《あまきみ》ヲシロワケ神（景行天皇）以降に作られた制度である。『ホツマ伝へ』は第二十四代天君ヲシロワケ神まで。その中では、天君《あまきみ》の男の長子だから、必ず天君になるということではない。各時代毎に事情がある。

そして、基本的には天君は実力主義である。それは「天成る道」が行えるかどうかに係る。男（をとこ）御子《みこ》の中で最適任者が選ばれる。それが、国家国民にとっては理想である。これを決定するのは、皇族だけの皇室会議による。

長子である男御子が、天君に適さないこともあるかもしれない。病弱なこともある。これでは「天成る道」が行えない事態に陥ってしまう。また、事情により、世継ぎの天皇が、あまりに幼いということも考えられる。天皇は神であるが、長患いという事態も、考えられなければ

ならない。天皇は神であるが人でもある。

そのような事態に対応するために、摂政は置く必要がある。現代は不確実の時代でもある。摂政は、天皇に代わって大権を行使するので、皇室の方々に限る。皇室による皇室典範により、皇族が摂政の位につく。そのためにも皇室の充実は欠かせない。

従って、摂政を置くのは当然であるし、置くべきであろう。摂政は皇室典範で定めるが、この皇室典範は現代の皇室典範ではなく、『大日本国憲法』により、天皇が裁定する皇室典範となる。条文は

「摂政を置くのは皇室典範の定めるところによる。2　摂政は天皇の名において大権を行使する。」

■ 第一章　天皇　まとめ

（天皇の統治）

第一条　大日本国は万世一系の天皇が統治する。

（皇位と皇室典範）

第二条　皇位は皇室典範の定める所により皇統の男系の男性子孫が継承する。

2　天皇は皇室会議において皇室典範を裁定する。

（皇室の不可侵）

第三条　皇室は神聖であり侵してはならない。
（日本国の元首）
第四条　天皇は日本国の元首であり、憲法の条規により、大日本国を統治する。
2　天皇は自ら必要と判断すれば、あらゆる分野に亘り勅命を発令する。
3　天皇の勅命は憲法に優先する。
（全ての臣の任免と承認）
第五条　天皇は全ての臣を任免し、又は承認する。
（情報機関などの設置）
第六条　天皇は直属の情報、研究及び諮問機関を設置する。詳細は別途法律で定める。
（立法権の行使）
第七条　天皇は議会で議決した法律を承認し、立法権を行使する。又は天皇は勅命により立法権を行使する。
（法律の裁可と執行）
第八条　天皇は法律を裁可し、その公布と執行を命じる。又は天皇は勅令し、その執行を命じる。
（議会の招集と閉会）
第九条　天皇は議会を召集し、その開会と閉会を命じる。

（公共の安全と災厄の除去）
第十条　天皇は公共の安全を保持し、又はその災厄を避ける必要がある場合は、法律に代わる勅令を発する。
（法律の執行、公共の安寧と秩序の保持、国民の幸福の増進）
第十一条　天皇は法律を執行するために、又は公共の安寧と秩序を保持し、及び国民の幸福を増進するために、必要な勅令を発する。
（国と地方の行政機構の統治）
第十二条　天皇は国と地方公共団体の行政機構の制度及び文武官の俸給を定め、文武官を任免する。又は、天皇の承認を得て、国会又は地方議会が各文武官の俸給を定め、文武官を任免する。
（国軍の統帥）
第十三条　天皇は皇族、内閣、最高司令官及び研究機関の提言を聞き、国軍を統帥する。又は、天皇は国軍を統帥する。
（国軍の保持）
第十四条　大日本国は誇り高き精強の大日本国軍を保有する。
2　大日本国軍は陸軍、海軍、空軍、サイバー軍、宇宙軍の五軍とする。
3　最高司令部が大日本国軍の五軍を統括する。

（国軍の編成と予算）

第十五条　天皇は皇族、内閣、最高司令官及び研究機関の提言を聞き、国軍の編成と常備軍の予算を定める。又は、天皇は国軍の編成と常備軍の予算を定める。

（宣戦布告と講和条約）

第十六条　天皇は宣戦布告を行い、講和条約を結び、その他の条約を締結する。

（戒厳）

第十七条　天皇は戒厳を宣告する。

2　戒厳の要件及び効力は法律をもって定める。

（勲章およびその他の栄典の授与）

第十八条　天皇は臣民に勲章およびその他の栄典を授与する。

（大赦、特赦、減刑と復権）

第十九条　天皇は大赦、特赦、減刑及び復権を命令する。

（皇室専用情報局の設置）

第二十条　天皇は正しい皇室の姿を国民に伝える皇室専用の情報局を設置する。詳細は別途法律で定める。

（連絡会議の設置）

第二十一条　天皇は皇室と国民、企業との連絡会議を設置する。詳細は別途法律で定める。

（国教は神道）

第二十二条　大日本国の国教は神道である。

（国旗）

第二十三条　大日本国の国旗は日章旗及び旭日旗である。

（国歌）

第二十四条　大日本国歌を君が代とし、第二国歌を都鳥の歌とする。

（天皇の禊ぎ、謹慎、蟄居、退位）

第二十五条　天皇は自らの意志により、禊ぎ、謹慎、蟄居又は退位を行う。

（摂政）

第二十六条　摂政を置くのは皇室典範の定めるところによる。

2　摂政は天皇の名において大権を行使する。

大日本国憲法　第二章　臣（とみ）

臣の位と重大さ

重要なる臣《とみ》の位が、我が国の伝統には存在する。天皇と位は違うが、天皇と心を一つにして、マツリを司る神々が、臣達である。その臣達が、ヲシテ文献によって、現代に甦ることになる。天皇と共に臣達が、現代の政治を行う。これが初代天神・国常立神より続く我が国の伝統なのである。

明治憲法と『大日本国憲法』の大きな違いの一つは、臣がハッキリ独立していることである。明治憲法は臣民が同じで、これは、極めて重大なる誤りである。明らかに神代の伝統に反している。臣と民は同じであってはならない。役割が全く違うのだ。「君臣民体制《きみとみたみ》」や「君臣《きみとみ》の道」が、我が国の神代からの伝統なのである。

大切な「君臣民体制《きみとみたみ》」や「君臣《きみとみ》の道」が、伝えられなかったために、明治憲法のようになってしまった。それは、紀記や旧事紀などがこれについて一切伝えなかったためである。『大日本国憲法』では臣の位を重視し、章を設け、伝統に則り条文を入れる。

天皇と臣達は位が違う。しかし、「君臣《きみとみ》の道《みち》」により、天皇と心を一つにして、日の本を治める。（二）の中の「君臣《きみとみ》の　心一つに」が、これにあたる。「君臣《きみとみ》の　心一つに」して、マツリを行う体制が、貴真《たかま》体制なのである。

そのために、何千人の天皇が、日の本の国を統治する、という状態と同じになる。だから、大日本国が、あらゆる分野で、桁外れに発展するのは、当然のことなのである。

そして人心が安定する。あらゆる地域のあらゆる文化が安定し、更に発展する。日の本全体の文化の、あらゆる分野が格段に進歩する。そして、日の本の産業や経済は、ヤマトの自然と調和しながら発展し、年数を経れば今の何倍、何十倍になる。勿論世界一になり、それを維持し続けることができる。国民は物心両面に亘り、真に豊かになる。

現在の体制や、そこからもたらされる政策が、あまりに異常なのである。それを伝統の姿に戻すだけのことである。当たり前の姿に戻す。国民は無理をせずとも実現できる。

この中堅となるのが、臣達である。伝統の神代の体制が、現代の科学技術の発展によって出来るようになった。臣の復活と言ってもよいだろう。しかし、その中心は皇室であるのはいうまでもない。天皇がおられるからこそ、この体制が確固として存在できる。臣達の中心は、皇室であり、天皇陛下である。

外国も、我が国の優れた政治体制を真似ることは出来る。しかし、真にこの国体を維持できるのは日の本のみである。我が国には六千年以上前から存在する世界唯一無比の皇室が存在するためである。

神代の臣《とみ》とは　臣《とみ》の定義　トミの復活

・「〓《と》〓《み》」という事周《ことば》が辞書にない

『大日本国憲法』や貴真体制が良く機能するかどうかは、臣達に係る。従って、その臣について、少し詳しく解説していく。

まず、「トミ」という事周《ことば》が辞書にない。これは、『ホツマ伝へ』を日本書紀、古事記が正確に漢訳して残さなかったためである。

「〓《と》〓《み》」という事周は『ホツマ伝へ』に約一〇〇箇所登場する。しかし、古事記は全く訳していない。カスリもしない。日本書紀はほとんど、漢訳せず、五箇所のみ『ホツマ伝へ』に対応する部分があるが、トミの内容を正確に伝えていない。日本書紀と古事記のことを筆者が紀記とする理由の一つは、こういう事にもよる。

従って、トミというコトバが現代に伝わらなかった。そのため、トミの意味するところも、よく現代に伝わっていない。その証拠が、臣の章がない明治憲法だ。そのために、今日のヤマト政治の混乱と貧しさがあるとも言える。また、そのために国力と国民の豊かさの低下を招いている。

『ホツマ伝へ』には〓《を》〓《み》という事周《ことば》も記されている。これは「鏡ヲミ」「剣ヲミ」のように、重臣に用いられる。〓《を》には、字形のように、「中心」の意味があり、これはふさわしい職名である。しかし、〓〓は〓〓とも記され、〓〓と〓〓は、あまり厳格に区別されていない。解りやすいように、本書では、ほとんど臣《とみ》で統一する。時々重臣も使用するかもしれない。

また臣の読みを、漢読みで、「シン」とも呼ぶ。「シン」の音は強い。また、[illegible]シン」は「神」の読みにも通じるので、これも良いかもしれない。

・「《とみ》」と「臣《おみ》」

広辞苑には「臣《おみ》」として「①朝廷に仕える人。臣下。②古代の姓（かば[illegible]）の一つ。」と載るのみ。解説したように、臣については、「ヲミ」が正しく「オミ」はほ[illegible]んどない。それに「オミ」はまた違う意味に使用されているようだ。

従って、臣を「オミ」というのは、そもそも見当はずれである。これも[illegible]の伝統を正しく伝えていないことを表している。

また、肝心の内容は、紀記や旧事紀などが正確に伝えていないため、辞[illegible]の意味も薄っぺらく、肝心で重要なことを全く伝えていない。

そして、臣の伝統を正しく伝えていないことが、後のヤマトの歴史を変[illegible]、今の憲法問題やあまりに低い政治状況、国力の総合的低下などに繋がっている。

・臣《とみ》とは

それでは、ヲシテ文書に載る、神代より続く我が国伝統の臣《とみ》とは、いか[illegible]ることか。解りやすいように箇条書きにすると

一、臣は神でなくてはならない

二、臣は、天君《あまきみ》と心を一つにして、マツリを摂《と》る。

三、国神《くにかみ》の重臣のこともいう。

四、臣の自称としても使用される。

大前提が、臣は⦶冊《かみ》でなければならない、ということ。これは天皇が住まう貴真《たかま》に出入りするのだから、当然のことである。貴真は朝廷または天皇が主宰する政府のことである。貴真にて、天君と共にマツリを司る。

⦶冊（神）については、前書で詳しく述べている。第二節などでも取り挙げた。要点は

一、自然や自然現象、人や人の行いの本質を捉え、その大いなる力や優れた力と、それを持つ自然や人のこと。これを神と敬う。

二、神社などに奉祀される御霊。神社はモトアケに繋がる。日の本中各家庭の先祖の御霊もカンクラ（神棚）より各地の神社を経由しモトアケに繋がる。

三、タカマ、モトアケの神々のこと。タカマ、モトアケには神々による雄大で壮麗な大系がある。

四、天皇のこと。天皇は幾代の御祖であり、かつ国民の親で御祖である。

五、天なる道に則り政治を行う重要な位の人々のこと。

六、ヲシテ文書に登場する神々のこと。いわゆる日本神話に登場する神々は実在の神である。

七、神には、神と人とホツマの大変奥深い関連がある。

従って、現代の政治家は、政治を行うどころではなく、そもそも貴真（政府）に出入りすら

も出来ない、ということになる。

・臣の義務（掟）の一部

次に、ヲシテ文書に載る、我が国伝統の臣の義務とは、いかなることか。解りやすいように、その一部を、箇条書きにすると

一、臣は神でなければならない

一、君臣の道の遵守

一、日の本の建国以来の平和国家を守り続ける

一、国家、皇室、国民、国体を守るための武力の保持

一、国民の豊かさと居安《ゐやす》さの実現

一、国民を我が物にせざるべし

一、国民の労りを知るべし

一、国民の命の尊重

一、基本的人権の尊重

一、民の教導

一、国政での贈収賄の禁止

一、自浄能力と自浄能力の保持　　（二）

臣達には、守るべき他の義務もあるが、これはヲシテ文書による、臣達の義務の一部である。

「天成る道」は進歩発展している。従って、現代の臣の義務は、これに更に多くの義務が加わることになる。

・なぜ臣の伝統を伝えなかったのか

それは先ず第一に、紀記や旧事紀が、臣達のことを伝えなかったことによる。日本書紀、古事記とも、我が国六千年の歴史上、最悪の書である。これ以上の悪書を知らない。日本書紀の方が古事記よりまだマシなので、紀記とするが、両者とも最悪の書に変わりはない。ただし、第二十四代ヲシロワケ天君まで。『ホツマ伝へ』はそこで終わっているため。

二つ目は、余りにも厳しい臣の道によるものであろう。臣の行うべきこと、義務は、位は違うが、天君《あまきみ》と同じ行いである。従って、常人では行うことの出来ない、極めて厳しい道なのである。

従って、その道を逃れるためにも、また敢えて行わないためにも、この伝統を伝えなかった、と思われる。

しかし、天君と共に、このような数多くの臣達がいてこそ、我が国のマツリは保たれる。伝統の臣達がいなければ、まともなマツリは行われない。現代政治がそれを良く証明している。厳しい道であるが、既に天皇陛下と皇族は何千年も行い続けている。臣達は同じ道を見習い、皇室の手足の如く、勤めればよいことなのである。

・神武天皇の臣達と南州翁の遺訓

（二）の臣の義務の中で、最重要の大前提である、「臣は神でなければならない」ということは、具体的にどういうことか。どういう人か。実例があるのでその一部を挙げる。

神武天皇が崩御され、その神送りが、今より二六〇三年前（令和二年現在）の、アスス一三四年ナガ月（九月）一二日に行われた。神武天皇は、それ以前に既に神上がりしていた。

そして、臣であるワニヒコも天皇と共に洞《ほら》に入り神上がりした。ワニヒコとは神武天皇の右の臣・第六代大物主クシミカタマ神のイミ名であり、ホツマツタへ前半部分の作者である。神武天皇と大物主クシミカタマ神はナガスネヒコとの戦いで、共に戦った。

そして、神武天皇とクシミカタマ神と縁のある人々であろう、三十三人がその後を追った。おそらく神武天皇とクシミカタマ神と苦楽を共にして、共に戦った人々であろう。そして、アビラツ姫は神武天皇の后の一人。アビラツ姫も一緒に神となったのであろうか。

アビラツ姫と

ワニヒコと　問わず語りお
為し侍る　君臣《きみとみ》共に
洞《ほら》に入り　神となること
明日《あす》聞きて　追いまかる者
三三人《みそみたり》　世に歌ふ歌
天御子《あまみこ》が　天《あめ》に帰れば

三十三《みそみ》追ふ　マメも操（みさほ）も
通る天かな

従って実は、神武天皇陵には神武天皇と共に、第六代大物主クシミカタマ神が祀られているのである。

また次は、南州翁（西郷隆盛）の遺訓。

「命もいらず、名もいらず、官位も金もいらぬ人は、仕末に困るもの也。此の仕末に困る人ならでは、艱難《かんなん》を共にして国家の大業は成し得られぬなり」。

このように、我々常人ではなかなか難しい、大変厳しい道を踏み行うのが、神である臣達である。だから、国民に信頼され尊敬されるのである。何千年も祀られているのだ。

・キラ星の如き偉大なる歴代の臣達

臣とはどういう人達なのか。実は我々の身近に多くいて、この日の本を守り続けて頂いている。その実例を解りやすく挙げる。

第六代大物主クシミカタマ神は神武天皇の右の臣であった。他にも現代に知られている、有名な臣達が、神代より我が国を守り続けている。その神々の一部を上げる。ほとんどの神々が、全国に何百社、何千社とある神社の御祭神として、日の本を守り続けている。

臣は神でなければならない。その臣としてのヤマトの神とは、いかなることなのか。どういう人物なのか。これにより、その概要が身近に解ると思う。

■住吉の神

住吉大神は、摂津国一宮・住吉大社や筑前国一宮・住吉神社の御祭神であるべき大神である。第七代天神イサナギ神の臣であり、第八代天神・天照大御神の左の臣であった重臣である。また住吉の名「スミヨロシ」は、天照大御神より賜った神名だ。名はカナサキ。全国の神社には住吉三神（底筒男命・中筒男命・表筒男命）として祀られていることが多い。先祖は初代天神国常立神と思われる。

■オオヤマスミ神（大山祇大神）

関東総鎮護・大山阿夫利神社の御祭神。第八代天神・天照大御神の初代・右の臣。また、天御孫《あめみまご》ニニキネ御子の臣でもある。オオヤマスミ神の先祖は、フヂの山に近いところから、国常立神、または天御中主神と思われる。全国数多くの神社に大山祇神は祀られている。

■カシマ神（鹿島神　武甕槌《たけみかつち》大神）

常陸国一宮・鹿島神宮の御祭神。イミ名はヒサヒコ。称え名がタケミカツチ。そして天照大御神から賜った神名がカシマ神である。天照大御神の臣。そして第九代天神オシホミミ神の重臣でもある。第五代タカミムスビ神・イセ外宮トヨケ大神の曾孫にあたる。

■カトリ神（香取神　経津主《ふつぬし》大神）

下総国一宮・香取神宮の御祭神。カトリ神は、経津主神が天照大御神から賜った神名である。カシマ神と共に天照大御神の臣。そして、第九代天神オシホミミ神の重臣でもある。先祖は第五代タカミムスビ神・イセ外宮トヨケ大神の系統。

■アマノコヤネ神（天児屋根神　春日神）

春日大社の御祭神。イミ名はワカヒコ。カスガの神名は、父神ツハモノヌシ・ココトムスビが天照大御神より賜った神名で、その名を受け継ぐ。アマノコヤネ神も天照大御神より賜った神名。第八代天神・天照大御神の臣であり、第十代天君ワケイカツチ神の左の臣でもある。父神ツハモノヌシは第五代タカミムスビ神の御子。従って、先祖は初代天神・国常立神。春日神社もヤマト中、数多い。

■大物主神

天照大御神が創始した位の名。大物主は位の名である。これが伝えられず、名と位が混同され、混乱が現代まで続いている。これも紀記の弊害の一つである。

初代・大物主神はソサノヲの子オホナムチ神（大己貴神）である。イミ名はクシキネ。大物主の位は、代々続き、各時代の天君の右の臣となる。

・初代大物主神・・オホナムチ神は天照大御神の弟ソサノヲの御子。天照大御神の臣であったが、道を外し、イヅモよりツガルの岩木山神社に移る。そして、第九代天神オシホミミ神の臣として大いに活躍する。失敗しても立ち上がり、成功する初代大物主・オホナムチ神は、我々国民の希望の星である。オホナムチ神をまつる神社は日の本中極めて多い。

・二代大物主神・・父はオホナムチ神。イミ名はクシヒコ。今も国民に愛される恵比寿様と大国様とは、クシヒコのことである。御孫ニニキネ、後の第十代ワケイカツチ天君の右の臣である。天照大御神より、ヤマトヲヲコノミタマ神という神名を賜る。また、天照大御神より、イサナギ大神の天《あめ》の逆矛《さかほこ》を授かるのである。

そして、この天の逆矛と共に、三輪山の洞に自ら入り、日の本中を三輪山より守り給ふ。この行いを「トヨケ法《のり》」という。

・第六代大物主神・・既に解説したように、クシミカタマ神（櫛御方命）のこと。イミ名はワニヒコ。大神神社の境内摂社・神坐日向（みわにますひむかい）神社の御祭神。『ホツマ伝へ』前半部分の著者。第十三代カンヤマトイワワレヒコ天君（神武天皇）の右の臣。天皇陵で、神武天皇と共に日の本を守り給ふ。

■カダの神

国常立神の孫がウケモチの神（宇迦之御魂大神）。その八代目がカダの神である。カタマロとも。天照大御神の臣。日の本の食料を司る。従ってカダの神は世々の民の守り司でもある。稲荷神社はカダの神の功績である。全国一万社以上あるであろう。ヤマトで最も多くの社数を誇ると思われる。

■サルタヒコ神（猿田彦大神）

後に第十代天君となる御孫ニニキネ御子の臣。天照大御神より、イセ宮の建設を託された。後の世に、サルタヒコ神はヤマト姫にイセ宮の場所を告げ、イセ神宮が成る。イセ神宮はサルタヒコ神に負う所が大きい。

サルタヒコ神は特別な神様である。出身はヲ海（琵琶湖周辺）。代々の天神に深く信頼されている。そして、臣として、その信頼に見事に応えている。筆者はサルタヒコ神は、天御中主神のヱの御子の子孫ではないかと考えている。

・・・・・・・・・

このように、歴代の天神に仕えていた実際の臣達を挙げると、より一層、臣とはいかなることなのか、解りやすいと思う。

こういうキラ星のごとき、そうそうたる大神《おおかみ》たちが、臣や重臣として、天神《あまかみ》と共にマツリを摂っていた。天神と臣達は位は違う。しかし、天神と同じ意識でマツリを行う。『大日本国憲法』に定める臣達も、同じような臣にならなければならないのだ。

皇室と同じく、臣達も幼い時から英才教育を受けている。その様子は、断片的であるが、『ホツマ伝へ』に記される。

神代の臣達は、遠い近いの違いはあるが、皇統から別れた臣が多い。現代でも、国家国民のためには、そういう家柄の人が、臣になるのが望ましいだろう。従って、皇室の充実が是非必要だ。皇族は何千人、何万人いてもらいたい。それまでは、臣の人数が多いので全てというわけにはいかない。

・君臣民《きみとみたみ》主義・君臣民《きみとみたみ》体制　臣の位と君臣《きみとみ》の道

明治憲法と、この本で取り挙げている『大日本国憲法』の大きな違いの一つは、臣と民を分けていることである。そして、臣の捉え方も根本から違う。『大日本国憲法』は天皇である君と臣と民からなる。

これは筆者の思いつきでもなんでもなく、『ホツマ伝へ』に記されているためで、これが我が国の本来の伝統なのである。現代が古来の伝統から大きく外れている。伝わらなかった。

我が国の神代よりの伝統である貴真主義、貴真体制は、君臣民《きみとみたみ》主義、君臣民《きみとみたみ》体制でもある。(一)の天照大御神に因む、都鳥の詔でも解るように、国体は君臣民《きみとみたみ》体制によりなっている。君臣民主義の君臣民体制による強固な体制が国体である。従って、『大日本国憲法』では、伝統の君臣民体制を採用している。そのため臣の章を新たに設けた。天皇と国民の章も、勿論設けている。

国体、君臣民体制の、君と臣の関係を「君臣《きみとみ》の道」という。これにまつわる極めて大切な記事を、紀記や旧事紀などに載せなかったために、今日に伝わらなかった。この伝統、「君臣の道」が新憲法に復活することになる。

皇室と共に、臣達は『大日本国憲法』による、国体の中心となる極めて大切な役割を担う。そして、新憲法と国体が良く機能するかどうかは、臣達と「君臣《きみとみ》の道」にかかる。そのためには、臣達は神でなければならない。神でなければ政治を行ってはならない。

・臣の厳しい使命と誉れ

述べてきたように、臣達には真に厳しい義務や使命、任務がある。一般国民には想像できないほどの厳しさがある。試練もあろう。その中で、皇室と共に全身全霊を尽くして、マツリを行わなければならない。

しかし、それればかりではない。臣達には、我々一般国民には想像も出来ないほどの、生き甲斐、誉れがあると思われる。

位は違うが、皇室の神々と普通に話が出きる。行く先々で国民の歓迎、尊敬を受ける。本物の政治が、思う存分出来る。国家、皇室、国民のために、全力でマツリを行う環境が与えられ、思う存分力を発揮し、それが実現していく。国が成っていくのだ。皇室と共に国造りの一翼を担える。

そして、現在は国際的になった。日の本は、君臣民《きみとみたみ》体制、貴真《たかま》体制により、年数を重ねる程に、政治、経済、文化、軍事などのあらゆる分野で、世界の中心になっていく。これが、国民は無理をせず、神代からの伝統に則って、当たり前のことをするのみで可能となる。その中心が皇室であり、臣達である。

皇室と共に、その輝かしい日の本の中心である臣達は、世界中の国々から、一目も二目も置かれる存在になる。総理大臣、外務大臣、防衛大臣などの、各大臣達の在任期間が、二〇年～三〇年位が当たり前の任期になるだろう。従ってあらゆる分野で世界の指導者となる。

日の本の臣達は、世界の友好的な列強国と協力しながら、世界の中心として、多くの分野の指導者となる。ヤマトの国益が第一であるが、皇室と共に臣達は、世界政治の中心として力をふるうことになるだろう。

そして、亡くなってからも、先の項「歴代の臣達」で挙げたように、神として国民から何百年、何千年も祀られ続けられる。これが我が国本来の臣として当たり前のことで、現在の政治家が、余りに異常なのだ。

神である臣達には、厳しい掟や使命、任務が待ち受ける。しかし、それにも増して、我々一般国民には、想像できない程の誉れが存在すると思われる。

・重臣がヤタの鏡と八重垣の剣を拝受する　臣は神でなければならない

既に、臣の重要さについて述べてきたが、実際どれ程臣達が重要なのかを、更に具体的に解説する。それは、重臣が三種の神器の内の二種の神器を受けることに、良く表されている。

神代には、天神《あまかみ》即位時に、日の本国体の歌「カの鳥」または「都鳥」を歌い、左右の臣が、ミクサノカンタカラ（三種の神器）の内、二種の神器を拝受する。ヤタの鏡と八重垣《やゑがき》の剣を受ける。

この行事が、いかに臣が重要であるかを良く教えてくれる。この事実が、天皇と臣との関係、国体における臣達の重要さを良く表している。臣の重要さを象徴する場面であり、大切なので、第二節で挙げた都鳥の詔（一）を再び挙げる。

「セオリツ姫は　御鏡（みかがみ）お　持ちてカスガに　授けます」、また「ハヤアキツ姫《め》は御剣（みつるぎ）お　持ちてコモリに　授けます」とある。カスガ神が左の臣で、コモリ神は右の臣。

ヲシテ文書に記されている臣の役割を、紀記や旧事紀が伝えなかったために、臣の位がどのようなものなのか、後世に良く伝わらなかった。この部分も全く伝えなかった。臣の位をはっきり認識することは、神代憲法を復活するためには必ず必要であり、極めて重要のことだ。臣の位がうまく機能しなければ、神代憲法は単なる文書であり、国体「カの鳥」「都鳥」も変幻自在に飛び回れない。地に落ち、地を這うことになってしまう。現代のように。

臣達がしっかりその役割を果たせば、『大日本国憲法』により、貴真体制は確固とし、国体は機能し、国民は格段に豊になり、我が国は大いに栄え続けることが出来る。

アワお治《た》す　天スベラギの
諸羽臣（もろはとみ）カスガとコモリ
君臣《きみとみ》の　心一つに
都鳥（みやこどり）形はヤ民《たみ》
首は君　鏡と剣
両手《まて》の羽　物部《もののべ》は足
鏡臣（かがみをみ）継ぎ滅ぶれば
民離れ　日継ぎ践《ふ》まれず

剣臣（つるぎをみ）　継ぎ滅ぶれば
物部《もののふ》割れ　世お奪はるる
ハタヲミは　ソロ生《を》う春の
民業《たみわざ》お　鑑（かんが）みる目ぞ
垣《かき》ヲミは　横魔《よこま》お枯らし
物部《もののふ》の　力（ちから）守《も》る手ぞ
この故に　三《み》クサお分けて
授くるは　永く一つに
なる由《よし》お　アヤに記《しる》して
御手《をて》づから　文お御孫に
授けます　セオリツ姫は
御鏡（みかがみ）お　持ちてカスガに
授けます　ハヤアキツ姫《め》は
御剣（みつるぎ）お　持ちてコモリに
授けます　三度《みたび》敬ひ
皆受くる　ヤマト日継ぎの
都鳥（みやこどり）かな

アスス五八年　サナト　ム月（正月）二〇日　（一）

二種の神器を受けるカスガ神とコモリ神は神であり、神の位である。カスガ神とコモリ神は、マツリを行う多くの神々を代表して神器を受けるが、その他の臣も神々達である。

天皇、皇族は現代の神である。天皇が『天成《あめな》る文』を受け継ぐ。そして、天皇が「御鏡」「御剣」も受け継ぐのであるが、それを左右の重臣に分け授ける。「君臣の道」「君臣《きみとみ》の心一つに」はこれによる。

従って「御鏡」「御剣」を授かる臣も神でなくてはならない。その他の臣達も神でなくてはならない。

臣は神でなければならない。神でなければ政治を行ってはならない。神代ではマツリは神々によって行われていた。マツリは神々でなくては行えない。

現代は神の資格がない国民が政治を行っている。だから、まともな政治が行えるわけがない。その通りになっている。現代の政治がそれを鮮やかに証明している。国民だけでは、まともな政治が行えないことを知るべし。

これが我が国の伝統である。この伝統を新憲法に生かす。そして、いかに神々を『大日本国憲法』に復活するかが問題となる。

臣は神でなければならない。まず、政治を行える最低限の能力は、当然必要である。その他に、守るべき多くの義務や行いが存在する。例えば、次に挙げるのはその一部。大切なので、臣の義務（掟）の一部（二）を再度挙げる。

一、臣は神でなければならない
一、「君臣の道」の遵守
一、日の本の建国以来の平和国家を守り続ける
一、国家、皇室、国民、国体を守るための武力の保持
一、国民の豊かさと居安《ゐやす》さの実現
一、国民を我が物にせざるべし
一、国民の労りを知るべし
一、国民の命の尊重
一、基本的人権の尊重
一、民の教導
一、国政での贈収賄の禁止
一、自浄能力と自浄能力の保持

（二）

これらを『大日本国憲法』にいかに取り入れていくべきか。天皇が中心の貴真には、日の本中のあらゆる文化、名誉、権威、権力、権益、資金などが集中する。どれ一つとっても、普通の国民では目が眩み、舞い上がってしまう。それでは、まともなマツリができない。そして、中にはこの内の一つでも民間に漏れたら、大変な利益供与になることも数知れずある。この問

題をいかに解決するか。
これらの問題を全て解決し、「天成る道《あめなみち》」に則り、全身全霊を尽くし、国家国民のためにマツリを行う人たちを、ヤマト伝統の神という。従って条文は

「臣は神でなければならない。」

この条文は憲法にふさわしくないと思うかもしれない。しかし、却ってこの条文が入ることにより、『大日本国憲法』が神代憲法をよく受け継ぐ、特別な憲法になる、と考える。そして、世界唯一で、ヤマト独自の憲法になる。貴真体制には、神の資格を備える多くの臣達が重要で、この臣達の重要さを表す。

伝統を受け継ぐ

天皇と心を一つにして日の本を統治する

(一)に「君臣《きみとみ》の　心一つに」とある。(二)では「君臣の道の遵守」とした。日の本は天皇が統治するが、天皇一人では統治できない。皇族と共に、天皇と心を一つにして統治するのが、臣達である。『大日本国憲法』も直接統治と間接統治を併用している。

明治憲法では天皇・皇族以外の国民を、一括りにして、臣民として誤ってしまった。しかし、我が国の神代からの伝統では、天皇である君と臣と国民の三層に分かれる。君《きみ》・臣《とみ》・民《たみ》・制である。ここがトの教ゑ・神代憲法と明治憲法との大きな違いである。

また、『日本国憲法』は我が国の伝統を全く解っていない。我が国の伝統は、君と臣と民が

主人公の君臣民《きみとみたみ》主義であり、これが古代からの我が国の伝統なのである。

そして、天皇と位は違うが、臣の役割は天皇と同じである。天皇の手足の如く、臣達が役割を果たす。このように、天皇と臣達が「心を一つにして」マツリ（政治）を行うことを「君臣の道」という。その重要性は、幾度も『ホツマ伝へ』に、念を押され記されている。「君臣《きみとみ》と心一つに　司れ」「君とヲミ（重臣）心一つに　カの鳥の」「君臣の　心一つに　都鳥」「君臣《きみと》の道　トの教ゑ」等々。従ってこれを条文にする。

「臣は天皇と心を一つにして政治を行わなければならない。」

天皇が臣を任免する

古来から、皇室が臣達を任免することが我が国の伝統である。天のタカマは天御祖神《あめのみをやかみ》が中心であり、天御祖神が主宰する。そして、地上の貴真《たかま》の中心は天皇であり、天皇が主宰する。従って、『大日本国憲法』による多くの臣達は、天皇が任免するのが当然である。

第八代天神・天照大御神の初御世《はつみよ》に、第七代天神イサナギ神とイサナミ神の二神《ふたがみ》の詔により、アマテル神の八将神《やまさかみ》などが設けられた。

また第九代天神オシホミミ神の初御世《はつみよ》の臣として、天照大御神により、フツヌシ神（カトリ大神）とミカツチ神（カシマ大神）がマツリを司り、守るように命じられた。

そして、第十五代タマデミ天君《あまきみ》（安寧天皇）の時代からは、臣達を新たに改める。「御上《みうえ》の

臣は　神祀る　別れ勤むる　若宮の　マツリゴト摂《と》る　臣は新《あら》たぞ」。

この時、タマデミ天君は三十三才だったので、皇族や他の重臣達の意見を聞き、天君《あまきみ》自らが臣を定めたのであろう。いずれにせよ、天君とともにマツリを行うのであるから、天君が関わったに違いない。

現代も、基本的には、今上陛下が臣達を定めるのが良いと考える。皇族や研究、諮問機関などの提言を受け、天皇陛下自らが任免する。これは伝統に叶うことである。

ただし古代に比べ、現代は臣の人数が多い。天皇一人では大変な仕事量になってしまう。臣の数はおそらく千人、二千人という数に及ぶだろう。従って、天皇が任命することには変わりないが、直接制と間接制を併用する。例えば内閣が議員を推薦し、天皇が任命するなど。

明治憲法や今の『日本国憲法』のように選挙はない。選挙の弊害は既に第一節「現代民主主義体制の諸問題」で述べた。選挙による費用、労力、精力や空白期間の問題。不毛の政党間争いの時間、費用、精力などの無駄使い。

そもそも選挙に国民の半分しか行かない。誰がよいか解らない。公約はあって、なきが如し。その政党の党員に投票しても、後はどの政党になるかは解らない。

無駄な選挙がなくても、最高の政治を行ってもらえば、我々国民は何の問題もない。却って労力と税金の節約になる。それが『大日本国憲法』であり、貴真体制だ。

皇室や臣達が、その時点で、最良の政策を実行してもらえば良いことである。そして、我々国民の一人一人の政策や法案も直接、地方議会や中央政府に伝えられ、良ければ審議、成立し実行される。貴真体制は簡潔で、速やかで、費用が少ない。

そして、我が国の選挙のないこの体制がとれるのも、世界で唯一我が国だけである。それは皇室を中心とする貴真があるからである。世界唯一、人類唯一の貴真体制による。これが我が国の伝統であり、これを現代に甦らせ、その特徴を最大限に生かす。

当初、できればじっくりとした、準備期間があるのが理想だ。臣の数が多いので、初めは天皇や皇族の負担も多い。しかし、臣達の任期が何十年と長いので、その後は余り負担にならないと思われる。初めは大変だが、一度決めればその状態は、基本的に、何十年続く。

天皇任免の利点　国家国民のため

臣達も、選挙や党間の争いなどの、煩わしいことは関係なくなり、政策に集中して、じっくり政治ができる。短・中・長期にわたる本物の政治ができる。従って、国家国民のために大変役に立つ。

最近（平成二年現在）は安定したが、少し前までは、総理大臣がしょっちゅう替わる。大臣の名を覚えている国民はいない。こんなことでは、まともの政治ができるわけがないだろう。まともの政治は国民ではできないと知るべし。ヤマト国内、中央から地方まで、売国や国賊の左翼政党だらけである。今のヤマトの政治状況がこれを証明している。

票になる政策に片寄り、中長期の政策がオザナリになる。短期の政策、公約さえも守らない。

任期が短いことが多く、官僚と渡りあえない。対外的にも外務大臣が毎年変わるようでは、国益を確保する外交はできない。これらによって、ヤマト国の国益がどれだけ吹き飛んでいるか。

選挙制度は、北朝鮮やシナ共産党などの独裁殺人政権より、まだマシだ。しかしその弊害は明らか。ポピュリズムの弊害である。現職の参議院議員の嘆き、「選挙を気にしてやらないんです。（中略）、選挙、選挙、選挙、選挙なんです。だから選挙ばっかりというのは、本当は民主主義ではなくて、欧米の考え方であって・・・」。これは、北朝鮮やシナなどの独裁殺人政権よりマシだが、民主主義体制の弊害を良く表している。

天皇任免による貴真体制は、この弊害から全て解き放される。そして、もしなんらかの問題があっても、速やかに改革する。それができる体制が貴真体制である。世界唯一の、自浄能力も持つ奇跡の体制である。貴真体制は世界最強、人類最強の政治体制なのである。

皇室と共にマツリを担う臣が、細切れのように、任期が短い方がよいのであれば、既に神代でも行われていたはずだ。しかし、それは全くなかった。ただ、悪政を行う司、国神などは、直ちに改め替えられた。

票のためや悪しき利権やシガラミのない、国家国民のための、あらゆる分野にわたる短、中、長期の政策により、あらゆる分野で、日の本は桁違いに良くなる。

天皇陛下が臣達を任免することについては、既に第一章「天皇」の弟五条「天皇は全ての臣を任免し、又は承認する」に掲げた。しかし、重要なので、重複するが、各機関の個別の臣達は天皇が任免、又は任命するという条項を加えても良いのではなかろうか。条文は「天皇は内閣の各大臣及び国会議員を任免する。又は内閣が国会議員を推薦し、天皇が任命する。」

天皇が大日本国軍の司令幹部を任免する

大日本国が精強かつ強力な大日本国軍を保有し、天皇陛下による国軍の統帥についての条文は、既に取り挙げた。

日の本が、国防のために、日本国軍を保有するのは我が国の伝統に則る。当たり前だ。そして、天皇陛下が大日本国軍の司令幹部を任免する。

これは神代の国軍を司る臣は、天皇が定める伝統による。日本国軍最高司令長官と副長官と参謀、そして日本国軍五軍の司令官と副長官と参謀などになろう。そして国軍の最高機密を扱うのであるから臣の位になる。

天皇が国軍の司令幹部を任免するが、戦前のような国軍の暴走の心配は全くない。それは、明治憲法と『大日本国憲法』の、臣の位の内容が、違うためである。貴真体制によって、世界最高の政治が行われるのと同じように、大日本国軍による、最高の国防体制が維持される。

大東亜戦争中に、戦局が悪いのにも関わらず、参謀本部（陸軍）と軍令部（海軍）の間で争っていたそうだ。これでは勝てる戦も勝てなくなる。不利になる。敵国、米国は作戦系統を一本化して、大日本帝国軍にあたっていたと言われている。

一切の悪しき利権やシガラミを持たず、ただひたすら日の本、皇室、国民、国体を守るための軍政や戦術、作戦が採られる。

そのための、軍事関係の各種研究機関の充実や、世界の情報収集、最先端の戦術の研究、武器の開発などが、資金豊富に、かつ持続的に行われる。

アメリカのように、国家のために、いろいろな民間組織や団体に資金を支援して、世界戦略や国防戦略などの研究を行わせるのも良いことだ。ヤマトも民間の良さも取り入れる。

あらゆる情報が集約され、作戦系統が一本化される。新たに必要な組織や改善点があれば、速やかに対応する。世界最先端、最高の防衛戦略を常に研究し、それを実戦部隊に生かし続ける。

そのための施設、人材、予算が各時代に合わせて、今より桁違いに充実される。優れた貴真体制による豊富な予算により、国軍に関してもそれが実現できる。

日の本、皇室、国民、国体を守るのは最高に重要なことであり、最高の名誉である。現在より遥かに、皇室、国民からも信頼、尊敬を受けるようになる。

国軍の幹部は全て神である臣の位のため、国軍内の利権争いなどは全くない。国軍全てが、ヤマト、皇室、国民、国体を護持するという意思統一がなされる。指揮系統は統一され、世界最高の国防が行われる。

大日本国軍は世界最強の国軍となる。その上で、アメリカなどの友好列強国と協力して、更に国防を強化し、万全の体制を築く。友好国との協力の元、敵国、反日国より日の本、皇室、国民、国体は絶対守り続ける。

万が一、少しでも暴走の恐れがあれば、そうさせない法律、組織の見直しなどが素早く行われる。自ずとそういう力が働く。司令幹部が臣の位であるということは、そういうことだ。天皇や皇族もおられる。条文は

「天皇は大日本国軍の最高司令長官及び五軍の司令官並びにその参謀幹部を任免する。」

都道府県体制

天君が国神《くにかみ》を任免するのが、我が国の神代からの伝統である。神代では、地方各国を大変重要視していた。地方を重視するのが、我が国の古来からの伝統である。

常世国《とこよくに》中、常世神《とこよかみ》の八御子《やみこ》が治めた。また各国のマツリの中心を、貴真《たかま》に準えていたことからも、いかに地方を重要視していたかが解る。

都鳥の詔（一）の国の形である国民《くにたみ》のほとんど住むのが、地方各国である。そして、一つ一つの都道府県が栄えれば、日の本全体が栄える。そのため、地方各国の長は臣の位となる。

今日、中央と地方の関係が弱くなっている。対立している地方もある。この間隙をついて、既にかなり、共産党勢力や反日勢力が浸食している。これらも完全に阻止できる。断ち切る。

これにより、伝統の地方政治が行われ、地方を大いに栄えさせることができるようになる。これは古来からの伝統に戻すだけで、現代が余りに異常なのだ。

そして、地方議会の議員については、中央の貴真と同じく、天皇の直接制と間接制の併用となる。地方にも選挙はない。選挙の弊害は既に述べた。

都道府県の議会体制は、準貴真とみなされる。国の貴真と同じく、知事と何人かの副知事が地方閣僚を構成する。副知事の人数は都道府県の大きさ等により、別途法律で定める。

そして、中央と同じく、天皇が知事をはじめ副知事や議員を任免する。または、知事が中心となり、議員を推薦し、天皇が任命する。議員の人数は都道府県によって違う。中央の貴真と同じく、天皇直接統治と間接統治の併用となる。条文は

「天皇は都道府県の知事及び副知事並びに議員を任免する。又は知事が議員を推薦し、天皇が任命する。」

市区町村体制

都道府県と共に、市区町村も重視する。市区町村の規模は千差万別である。二〜三人の議員でも足りる地域もあろうし、他県以上の規模の市や区もあろう。

しかし、市区町村を重んじることに変わりはない。国民の多くは全国の市区町村に住む。国民にとっては身近な存在だ。『大日本国憲法』では、国民にとっていろいろ有意義な組織がで

き、直接住民と多く関わるので、現代より遥かに重視される。市区町村にも、伝統のヤマト政治が浸透するので、反日勢力、共産党勢力などは一掃され、本来の姿に戻る。これらを完璧に断ち切る。

これにより日の本全てから、反日勢力、共産党勢力を全てなくし、本来の正常のヤマトに戻す。『大日本国憲法』や貴真体制によって、伝統の姿に戻り、市区町村も現代より遥かに豊かになり栄える。また、そのようにしていく。

全国の市区町村が栄えれば、都道府県も栄え、日の本が栄える。全国の市区町村は、常世国の伝統を、今に色濃く残す地域が多い。ヤマト国民にとって、大変大切な地域なのだ。なるべく、これを現代に生かし、将来に残す。

国、都道府県と同じく選挙はない。原則、天皇が市区町村の長を決める。天皇が市区町村の長と副長と議員を任免する。または市区町村の長が議員を推薦し、天皇が任命する。

天皇が、多くの市区町村の長や議員達に関わるのは、実に大変と思う。しかし、これらの長や議員達の任期は大変長い。一度決めたら何十年になるだろう。従って、大規模かつ強力な研究諸機関や、皇族たちと共に、できる範囲内で任免をお願いしたい。

地方であればあるほど、地域ごとの利権が先鋭的、複雑になりうる。そのため、地域を良く知る、神である地方の臣達の公平の裁定が、より必要になる。

しかし、全国都道府県の市区町村数は一七〇〇以上有る（平成三〇年現在）。議員はその何倍、何十倍になる。従って、議員については、間接制も取り入れる。つまり、市区町村の長が議員を推薦し、天皇が任命することもできる。

「天皇は全国市区町村の長及び副長並びに議員を任免する。又は市区町村の長が議員を推薦し、天皇が任命する」

各種、各機関の臣達も天皇が任免する

神代でも天神は、地方の国々の情報を収集し、自ら判断してマツリを行ったと思われる。現代は国の規模が全く違う。国際的な繋がりも桁違いに多い。

従って、既に述べたように、現代では、天皇と皇族に直属する、数々の大規模な専門機関が必要となる。まず多くの情報を集める情報機関が必要。そして集めた情報を研究する研究機関。又、ある分野を専門に調査、研究する諮問機関などが必要になる。

皇室を中心とした「天成る道」は変わらない。基本は変わらないが、ヤマトも世界も常に変化し進歩し続ける。その情報量が現代は桁違いに多い。天皇陛下が、現代ヤマトをどのように統治したら最適なのか、そのための大規模な研究機関が必要だ。

日の本は巨大になったので、天皇が良く治めるために、膨大な情報が必要となる。また外国の数も多く、規模も大きく複雑である。それらを総合し、その上で天皇自らが命令を下し統治していくことになる。

天皇直属の情報、研究、諮問機関や、国会や地方議会直属の情報、研究、諮問機関などは大変重要な情報を扱う。そして、かなり大きな組織になる。従って、全ての職員ではないが、局長や所長などの長や委員は、臣の位とする。その重要さからして、長は皇族が望ましい。天皇が任免する。

他にも天皇が任免するのは、宮内庁長官、宮内庁次長、宮内庁内部部局長、地方の各種機関の長、国家公安委員会の委員長と委員、都道府県の公安委員会の委員長と委員、会計検査院の検査官と事務総長や事務総長次長、天皇と国民、企業の連絡会議の議長と委員など。これらの人々も臣の位になる。条文は

「天皇は各種、各機関の臣を任免する。各種、各機関の臣は別途法律で定める。」

臣達と国民との連絡会議の設置

臣達は、位は違うが、天皇と心を一つにして、マツリを行う。そのために臣の義務（二）の「民の教導」のように、臣達は、国民を常日頃から、指導しなければならない。これが神代からの我が国の伝統である。これを現代に生かす。

全国の臣達と全国民の連絡会議を設置する。そして、時間があれば手分けをして、国民の家など、全国どこでも行って、直接国民に講話を聞かせ、指導する。

費用節約のため、臣と国民の連絡会議場は、既に述べた天皇との連絡会議場や、後で述べる

国民の家などと一緒にするのも良いだろう。また、国防、防災施設との共同運営も考えられる。

現代は、国民と同じように、企業が国の主要な組織になっている。『大日本国憲法』でも、企業の章を設ける。天皇と企業との連絡会議は設けている。従って、臣達にも企業や企業団体との連絡会議を設ける。条文は

「臣と国民及び企業との連絡会議を設置する。詳細は別途法律で定める。」

神であるためには

「臣は神でなければならない」という、条文を設けた。この条文の内容を具体的に定める。臣達は神であることが絶対必要である。臣は神でなければならない。そうでなければ国民から信頼され、信用されない。まともな伝統のマツリが行えない。『大日本国憲法』による貴真体制が維持できない。当然そのためにはいろいろな義務が必要になる。臣達は国民とは違う。

実は、これを維持することが、神代でも大変難しかった。そのために、長らく保っていたが、その後に神代の政治体制の衰退が起きてしまった、とも思われる。真正の政治は厳しいのだ。しかし、既に述べているように、現代の科学技術によって、この問題を解決でき、理想の政治ができるようになった。

・臣達の適性と能力と神格

勿論、政治家である臣達には、やろうとする気持ちや適性、能力、人格などが必要なのは、

当然である。神代の神の家系では、幼い時から、将来神となるべく教育がしっかりとなされていた。いろいろ工夫もされていた。

いずれ『大日本国憲法』が定着すれば、伝統が受け継がれていくだろう。この伝統に、現代ヤマトの良さを取り入れ、さらに全世界からも良き方法を取り入れていく。常に努力して進歩していく。

神々にも個性がある。特別な神々を輩出すべく、いろいろな方法を試みるべきであろう。皇室と共に、臣達にはヤマトと全国民の平和や生活がかかっているのだ。

・臣達の隔離と情報管理

臣である神々には、行うべき重要な義務がある。天皇、皇族を中心とした貴真には、日の本中のありとあらゆる情報、権力、利権、金、名誉などが集中する。都道府県の貴真や市区町村議会も同じである。例え、これらの僅かな部分でも莫大な金権、利権に繋がる。これらをいかに現代技術を駆使し、透明にして守るか。

それには、臣達の情報の管理が必要になる。そうすれば、一切の悪しき利権、シガラミ、コネもできなくなり、天成る道に則る、国家国民のための政策中心の政治に集中できる。

天皇、皇族はこれを既に行っている。そのため、天皇に全ての権威、権力などが集中しても、何千年間も続いてきた。これが我が国の伝統なのである。既に模範があるので同じ事を臣達が行うだけのことだ。

まず、そのためには、今の皇室のように、周りと情報を遮断した特別な場所に住まざるをえない。これは、国費で行う。

そして、プライバシーや国益に反しない範囲内で、一日中、音声をつけ、常にその行動を全て映像と共に残し、流す。臣達の言動をガラス張りにする。

そしてこれらを、国益を害さない限りにおいて、臣達専用のチャンネルで、全国民にいつでも見られるようにする。

臣達のスマホ、パソコンなど情報通信機器も当然全てチェックを受ける。これも情報が漏れるのを防ぐため。そのためには、警備、管理のしやすい臣達が住む専用地域が必要となる。

これらを司る部署、役職も必要になる。既に神代では「天《あ》の目付け」「目付け」という役職が存在して、管理監督していた。それを現代に生かす。その長はできたら皇族で、位は臣となる。

臣達が専用地域に集中して住むからといって、日の本や世界中の情報から遠ざかるということではない。今以上に桁違いに、あらゆる所に出かけ、国民や世界中の情報を得、それをマツリに生かす努力を継続する。しかし、悪しき利権、シガラミは完璧に断つ。

・家族をどうするか

一人で臣の勤めを果たすか、又は家族と共に住むのかは本人と家族による。家族がいれば同じ制限を受けざるをえない。

家族がいても、別れて一人で臣になるのであれば、看視付きで、一年に一度とか二度、家族に会うことになる。そうしないと、重要な情報が家族や親族に流れてしまう危険がある。そうしないと国民の信頼、信用は得られない。したがって、条文は

「臣は国が定めた住まいに住まなければならない。」

「臣の言動は、プライバシーの部分を除き、全て記録し、国家の利益に反しない限りにおいて、全て公開される。」

十分な歳費と資産の公開

臣達には十分な歳費が与えられる。十分な歳費でも、理想なマツリが行われれば、そのほうが国家国民のために遥かによいことだ。

現代の多くの政治家は、十分な報酬を貰いながら、あらゆる悪しき利権、シガラミにより、国民の税金や政策があまりに生かされていない。

神である臣達のような潔癖な指導者達が、豊かな歳費が得られることは、臣達の栄誉と共に、国民の憧れともなり、良い影響を与えると考えられる。国民の正しい憧れの対象になる。国民も努力すれば臣になることができるのだ。

このように臣達には十分な資産がある。ただし全て公開されて、テレビ、ネットなどの専用チャンネルで、いつでも詳しく、国民に閲覧できるようにする。

その瞬間、その時点で、最新の情報を全て公開できるのは、現代技術のお陰である。これにより、臣達と国民との信頼関係を築く一助とすることができる。条文は

「臣の資産はいつでも全て公開する。」

臣達と国民の間に専用チャンネルを設置する

臣達全ての政策や政治活動や、これに関わる言動を、国家利益に反しない限りに置いて、全て公開する。これも現代技術によって、できるようになった。

既に「臣と国民及び企業との連絡会議」「臣の言動は全て公開」の条文を挙げたが、こちらは主に政策関係が主体になる。

重なる部分があるが、これにより、より臣の詳しい情報が国民に伝わる。また、何重にもチェック機能を果たすことができ、臣と国民との信頼関係に、より付与できる。

臣達の人数は多い。従ってその政策数も大変多くなる。その構想、政策やそれにまつわる活動などを全て公開する。

これにより、臣達の構想、政策のチェック機能を果たせる。そして、悪しき利権やシガラミの入る隙は全くなくなる。完璧に断つ。

また国民が見て、その政策以上の政策や法案が有れば、提言できる。ただし国民の建設的な議論は大いに良いが、その妨害や侮辱を禁止するのは当然だ。

臣と国民との間の、構想、政策に関わる重要で膨大な情報を管理するのには、専用の情報局の設置が必要となる。この情報局は臣専用のインターネット、テレビ、ラジオ、月刊誌、週刊誌、新聞などを運営、管理する。

皇室や貴真議会専用のチャンネルと併用すれば、費用は節約できる。例えば、情報局を一緒にして、そこで皇室、貴真、臣達の専用チャンネルを扱う。テレビ、ラジオ、インターネットなどの国有放送局のチャンネルを必要な数だけ増やす。

また一つの新聞や雑誌に皇室、貴真や臣達の政策情報を載せる。そうすれば、一つの新聞、一つの週刊誌、月刊誌で済む。国営なので国費で賄う。重要な情報を扱うので、情報局の局長、副局著、主要な部署などは臣の位になる。

情報を一元管理する。これはシナや北朝鮮で行われている。しかし、その目的や内容は一八〇度違う。

シナや北朝鮮は、自分たちの利益を得ようと、国民を搾取し弾圧するために行う。我が国は、貴真体制を維持し、国家、皇室、国民、国体全体の繁栄のために行う。国民の豊かさ、幸福を目指すために行う。条文は

「臣と国民を結ぶ情報局を設置する。」

スパイ防止法を憲法に入れる

これも、本来は法律でよいだろう。しかし、現代政治において、いつまで経ってもスパイ防止法（防衛秘密を外国に通報する行為等の防止に関する法律）ができないため、機密情報が抜かれ、ヤマトが危うくなっている。重要な情報が抜き取られ続けている。

この事態を防ぐ目的で、この法律に係わる条文を憲法に入れるのが良いと考える。国家防衛に係わる情報は、古代でも重要だった。現代社会では、益々重要になっている。

国家存立に係わることなので、スパイ防止法は当たり前のことなのに、できていない。スパイ防止法は、主に臣達が中心になって運用する。スパイ防止法はかなり長いので、憲法でこれを定めるという条文を入れ、詳細は別途法律とする。条文は

「防衛秘密を外国に通報する行為等を禁止する。詳細は別途法律で定める。」

臣の自浄力の発揮

臣の義務（二）の内の「自浄能力と自浄能力の保持」を現代に生かす。貴真体制下では、諸制度の追加はあるが、我々国民の行いは基本的には変わらない。貴真体制だから特に無理をする必要はない。基本的には、自由競争、実力主義であり、日々厳しい生存競争がある。

臣達も同じく、基本的には、実力主義である。これによって、悪い意味の権威主義やその弊害はなくなる。これは国家、国民のためになる。

臣は神でなくてはならないが、人でもある。従って、長い任期の間には失敗すること、自ら

恥じることもあるだろう。

その場合には、天皇陛下や皇族と同じく、自浄力を発揮して、禊ぎ、謹慎、蟄居、辞任など、自らの責任をとる。自ら恥じるところがあれば身を引く。神には自らの自浄力がある。だから神なのである。これも古来からの独自の、我が国だから行える伝統である。貴真を清浄に保ち続けることは、大変大切なことなのである。

辞任は天皇の承認を得る。また、その時期は国家国民に最も影響が少ないように行われなければならない。条文は

「臣は自ら、禊ぎ、謹慎、蟄居、辞任などの罪を科す。辞任は天皇の承認を必要とする。」

臣の位の復活　敗者復活の制度

臣は神でなければならないが、人でもある。失敗することはある。極めて厳しい国内や対外政治において、失政し辞任することもある。

しかし、決定的な失敗でない限り、また復帰し、輝かしい成果を上げ、歴史を作ることもありうる。このような重厚な社会構造も我が国の神代からの伝統なのである。

敗者復活のような制度も、憲法に敢えて書いておくのがよいと思う。事と場合によるが、神と崇める臣でも復活でき、前にも増して国家国民に貢献するというのは、国家国民にとって大変良いことだ。

天皇、臣は国民の鏡なので、国民や世の中全体もこれを見習う。これも我が国の古来からの良き伝統なのである。

国民にとっても、何事も一生懸命やって、成功すればよいし、失敗しても、再び挑戦できるような環境があるのは心強い。『大日本国憲法』による貴真体制の臣達に、このような重厚、重層な仕組みがあることが、貴真体制の底力にもなる。

皇室や臣達は国民のお手本なのである。既に、神代はこれについて大変重視していた。天皇が臣の任免を行うので、臣の復位も天皇が行う。条文は

「天皇は免じた臣の復位を命じることができる。」

臣の位　臣達

天皇が各種、各機関の臣を任命するが、参考までに、臣の位をどの範囲までとするか、一例を挙げた。神代に比べ、現代は部署も臣達の数も遥かに多い。これらは別途法律として整備する。

臣の位の範囲は、専門的であり、現実にも則さなくてはならない。貴真体制をやってみないと解らない部分もある。国家国民にとって必要であれば、憲法、法律などを速やかに変え対応する。

一、宮内庁長官及び副長官及び各部署の長など。

一、天皇直属の情報、研究、諮問機関の各長官と委員など。
一、総理大臣、副総理はじめ内閣の閣僚と副大臣と議員達。
一、日本国軍最高司令長官と最高司令副長官。参謀。
一、日本国軍五軍の司令長官と副長官。参謀。
一、国会直属の情報、研究、諮問機関の各長官と委員など。
一、日本銀行の総裁、副総裁、審議委員。
一、各裁判所の長官。
一、都道府県の知事、副知事、議員。
一、都道府県直属の情報、研究、諮問機関の各長官と委員など。
一、国家公安委員会の委員長と委員など。
一、都道府県の公安委員会の委員長と委員など。
一、全国市区町村の長、副長、議員。
一、会計検査院の検査官、事務総長、事務総長次長など。
一、天皇と国民、企業の連絡会議の議長と委員など。
一、その他必要に応じて臣の位を定める。

■第二章　臣（とみ）　まとめ

（臣は神）

第二十七条　臣は神でなければならない。

（天皇と心一つに）

第二十八条　臣は天皇と心を一つにして政治を行わなければならない。

（天皇による任免　内閣と議員）

第二十九条　天皇は内閣の各大臣及び国会議員を任免する。又は内閣が国会議員を推薦し、天皇が任命する。

（天皇による任免　国軍）

第三十条　天皇は大日本国軍の最高司令長官及び五軍の司令官並びにその参謀幹部を任免する。

（天皇による任免　都道府県）

第三十一条　天皇は都道府県の知事及び副知事並びに議員を任免する。又は知事が議員を推薦し、天皇が任命する。

（天皇による任免　市区町村）

第三十二条　天皇は全国市区町村の長及び副長並びに議員を任免する。又は市区町村の長が議員を推薦し、天皇が任命する
（天皇による任免　臣達）

第三十三条　天皇は各種、各機関の臣を任免する。各種、各機関の臣は別途法律で定める。
（臣と国民、企業との連絡会議）
第三十四条　臣と国民及び企業との連絡会議を設置する。詳細は別途法律で定める。
（臣の住まい）
第三十五条　臣は国が定めた住まいに住まなければならない。
（臣の言動の公開）
第三十六条　臣の言動は、プライバシーの部分を除き、全て記録し、国家の利益に反しない限りにおいて、全て公開される。
（臣の資産の公開）
第三十七条　臣の資産はいつでも全て公開する。
（臣と国民との情報局の設置）
第三十八条　臣と国民を結ぶ情報局を設置する。
（スパイ防止法）
第三十九条　防衛秘密を外国に通報する行為等を禁止する。詳細は別途法律で定める。
（臣の責任）
第四十条　臣は自ら、禊ぎ、謹慎、蟄居、辞任などの罪を科す。辞任は天皇の承認を必要とする。

（臣の復位）

第四十一条　天皇は免じた臣の復位を命じることができる。

大日本国憲法　第三章　貴真《たかま》（国会）

神代の貴真が現代の国会に当たる。天照大御神の時代に、既に貴真体制が完成していた。それを元に、現代に生かす。

初代天神《あまかみ》・国常立神《くにとこたちかみ》は自ら貴真として、あらゆるマツリを決定していた。程なく、国が増えるにつれ、皇族と共に常世国《とこよくに》のマツリを摂るようになっていく。

弟八代天神・天照大御神の時代、臣達は、遠い近いの違いはあるが、全て皇族である。つまり皇室により国家運営を行っていた。これが我が国の伝統であり、理想である。

現代は神代に比べ、桁違いに巨大な国家になっている。国会は皇室による直接制と間接制の併用となる。

多くの皇族が必要

天皇初め皇室により、我が国は何千年も統治されてきた。皇族の方々は生まれながらにして、極めて優れた統治能力を身につけておられる。従って、天皇陛下と共に何千人の皇族が日の本を統治するのが理想的である。

しかし、戦後のＧＨＱによる皇籍離脱により、多くの宮家が消滅させられた。これを全て復活して頂く。そして、更にできる限り多くの宮家を復活又は創設して頂く。大いに子孫を増やして、何十、何百の宮家を創設いて頂きたいものだ。

そして、実力主義ではあるが、宮家や宮家の集団が代々、総理大臣、国務大臣、大日本国軍・最高司令長官などの臣達を受け継ぐことが望ましい。

そうなることが国内は勿論、対外的にも極めて国益になる。幼い時から、あらゆる分野の知識や実務を身につけ、その分野の臣となる。就任時には既にその分野の第一人者。

貴真体制の臣達は、就任してからも任期が大変長い。総理大臣や司令長官など、あらゆる分野の長の在任期間が、二〇年三〇年は当たり前になろう。そして、各家々が代々受け継ぎ、しかも何百年間続く。つまり宮家である臣達が、世界の各分野で圧倒的な力量を誇ることになる。

『大日本国憲法』や貴真体制により、日の本は文化、経済、軍事などでも桁違いの実力を誇るようになる。そして、国内はもとより、外国の全ての国の事情や、人脈、問題などのあらゆることを熟知する。各種研究機関なども充実する。

となれば、宮家である総理大臣や最高司令長官、外務大臣などは、世界の国々から極めて信頼され、頼りにされる。世界で指折りの存在となる。自ずと世界の指導者になっていく。

日の本は世界の中心として、世界の列強国や友好国と共に、世界政治を指導していくことになる。（皇室については巻末の補説「皇統の存続と皇室による統治」参照）

皇族が貴真（国会）や委員会などで活躍

旧皇族は復活して頂く。そして、皇室が政治を行うのが、我が国の伝統であるので、皇族が国会やあらゆる委員会で、発言し、質問できるようにする。これは、次により大変重要なことである。

天皇陛下はヤマトの全てを統治し、国家国民に宜しくない政策は勅命により、覆すこともある。ただ、国民や議員、内閣などの総意による政策は取り消しづらい。しかし、皇族が国会やあらゆる委員会で、発言し、質問することによって、初めの段階から、国家国民や国体に合う政策の指針を示し、指導するものとなる。

もともと皇室は生まれながらにして、マツリ・政治の天才である。代々極めて優れた政治感覚を持っておられるので、それを常日頃から、政治に生かして頂く。当然ながら、皇室自らの法案も提出できる。

又、皇族は都道府県や市区町村などの議会などにも、いつでも発言して、指針を与え指導したり、質問したり出来る。これは地方を重要視する我が国の伝統からして、当然のことである。

条文は

「皇族は国会、地方議会及びあらゆる委員会などで発言し、質問することができる。」

貴真（国会）と立法

天皇が日の本を統治する。従って、天皇が全ての法律を詔（みことのり）し、決定する。これが、我が国の伝統であり、基本だ。

しかし、国家は巨大となり、天皇一人では裁ききれない。そのために貴真にその役割を分け授けることになる。従って、通常は間接制を採用する。

貴真では、専門家である多くの臣達や国民による政策、法案が審議される。場合によっては、世界中から名案を募集する。これができるようになった。募集しても、法案を決定するのは伝統の貴真であるのは当然だ。又間接統治は皇室の統治の負担軽減にもなる。

しかし、時と場合によっては、伝統の天皇直接統治も残す。天皇の立法権の行使は、既に『大日本国憲法』の七条「天皇は、議会で議決した法律を承認し、立法権を行使する。又は天皇は勅命により立法権を行使する」で、条文に取り入れている。

神代では、貴真において、神計りをした政策などを、天君が詔し、その後、整備された行政機関により、実行されていたと考えられる。現代と同じように、貴真である議会が立法機関であることには変わりはない。

『大日本国憲法』の貴真も、政策を審議し、法律を作る機関である。ただし、天皇の勅命もあるので、国家唯一の立法機関ではない。条文は

「国会は立法機関である。」

貴真（国会）は一院制

古来より、貴真は一つである。そして天皇、皇族を中心に、臣達や国神達が皇室の手足となり、マツリを摂る。

現在は衆議院、参議院と二つの議会があるが、『大日本国憲法』では、伝統の一議員制とする。これの方が効率がよい。経費もかからない。

平成二七年の時点で、参議院の運営経費は、一年間で約一〇〇〇億以上と言われている。この経費が毎年浮くことになる。元々二議員制は我が国の伝統に合わないので廃止する。条文は

「国会は一院制とする」

天皇が任免する臣達によって国会を構成する

『大日本国憲法』弟五条「天皇は全ての臣を任免し、又は承認する」により、天皇は国会の臣達を任命する。国会はその臣達によって構成される。

貴真体制に反し、遥かに劣る選挙はない。天皇が貴真の総理大臣はじめ閣僚や議員を任命し、この臣達によって貴真は構成される。辞するときも、天皇の承認を得なければ、辞することが出来ない。

これにより、現代問題になっている、国体を破壊する共産主義者や、反日勢力の国会への浸透を完全に防ぎ、断ち切る。条文は

「国会は、天皇が任命する内閣総理大臣及びその他の国務大臣、並びに国会議員によって構成

する。」

閣僚と議員の任期

天皇陛下が内閣の大臣と議員を任免する。貴真の議員は実力主義である。この範囲内で、貴真の内閣や議員の任期はない。任務ができなくなるまで行える。

例えば四〇才で議員になれば三〇年、四〇年と議員をやり続ける。首相や閣僚の在職年数が二〇年、三〇年は当たり前という、良い状態が継続する。

これにより、短期の政策は勿論、中、長期の政策を、ジックリ行うことができる。何百、何千とある、あらゆる分野の、あらゆる政策全てが、このように行われる。日の本が栄えないわけがない。その効果は計り知れない。ヤマトの自然と調和しつつ、国民は極めて豊かになり、ヤマトは大いに栄える。

対外的にも極めて良い結果をもたらす。政治、経済、軍事などが強大な、超大国ヤマトの、極めて優秀で任期が極端に長い総理大臣や外務、防衛、経済産業大臣などが、外交を行うことになるからだ。

世界の友好国と協力しつつ、自ずと世界の中心になっていく。世界が調和して平和であることは、我が国の国益に叶うことでもある。真にヤマトやヤマト国民の利益になる外交が行える。溢れんばかりの余力により、世界外交の中心に、自ずとなっていく。特に条文は設けない。

法案の提出と専門機関

選挙はない。しかし、国民全てが、議会に、政策や法案を提出できる。これは地方議会に対しても同じ。貴真の内閣や議員は勿論、皇室や他の臣達全ても、貴真に法案を提出できる。政策や法案などは相当数にのぼるので、審議する前に、審査する専門機関と組織が必要になる。条文は

「皇族、内閣、議員、他の臣達全て及び全国民は、国会及び地方議会に法案を提出できる。2　国会及び地方議会は法案を審査する専門機関を設ける。」

天皇陛下は国会を召集する

天皇陛下が貴真を主宰するので、天皇が毎年国会を招集する。同じく、天皇が臨時国会と緊急の国会を召集する。これは、我が国の古来からの伝統であり、当然のことである。

「天皇は毎年、通常国会を召集する。2　天皇は通常国会の会期を定める。」

「天皇は臨時国会と緊急の国会を召集する。」

先に、第九条で「天皇は議会を召集し、その開会と閉会を命じる」がある。この条文は第九条の内容をより詳しくしたものとなる。

議会の表決

神代では、既に貴真は開かれ、表決は行われていた。そして、表決は別れることもあった。原則は過半数であろうが、それだけでもなかった。既に高度の政治判断が行われていたのだ。それを「神計り《かみはか》」という。

多数決の良さは勿論ある。しかし、国家、皇室、国民、国防などの観点から、少数意見が正しいこともあろう。それらが採用されることも必要である。

従って、多数決と神計りの併用になる。また、これが、単純に欧米の議会制民主主義との違いでもあり、我が国独自の伝統を示せる。

議長の権限と同じく、内閣の権限も重視すべきと考える。内閣は臣達の最高峰の集団だからである。代表は総理大臣。つまり、内閣も法案の決定を下せる。

更に、これとは別に、天皇の詔である「立法権の行使」「公共の安全と災厄の除去」「公共の安寧と秩序の保持、臣民の幸福の増進」「戒厳」などが、これら全ての表決に優先することは、当然のことである。条文は

「国会の議事は、原則、出席議員の過半数で決し、可否同数の時は、議長が決する。又は議長若しくは内閣は国家、皇室、国民、国防にとって必要があれば、少数案に決することができる。」

■ 第三章　貴真（国会）　まとめ

（皇族の発言と質問）

第四十二条　皇族は国会、地方議会及びあらゆる委員会などで発言し、質問することができる。

（国会は立法機関）

第四十三条　国会は立法機関である。

（国会は一院制）

第四十四条　国会は一院制とする。

（国会の構成員）

第四十五条　国会は、天皇が任命する内閣総理大臣及びその他の国務大臣、並びに国会議員によって構成する。

（法案の提出）

第四十六条　皇族、内閣、議員、他の臣達全て及び全国民は、国会及び地方議会に法案を提出できる。

2　国会及び地方議会は法案を審査する専門機関を設ける。

（通常国会の召集）

第四十七条　天皇は毎年、通常国会を召集する。

2　天皇は通常国会の会期を定める。

（臨時国会と緊急の国会）

第四十八条　天皇は臨時国会と緊急の国会を召集する。

（議事の決議）

第四十九条　国会の議事は、原則、出席議員の過半数で決し、可否同数の時は、議長が決する。又は議長若しくは内閣は国家、皇室、国民、国防にとって必要があれば、少数案に決することができる。

大日本国憲法　第四章　内閣

内閣は国会と同じく貴真の中にあるが、より中心の天皇に近い。建国の初代天神《あまかみ》・国常立神《くにとこたちかみ》より、天神がマツリを行うのが我が国の伝統である。弟八代天神・天照大御神も貴真にて自らマツリを摂《と》った。

国民が増え、国が増えて行くに従い、臣達と共にマツリを摂るようになる。貴真の構成神は遠い近いの違いはあるが、基本的には皇族である。これは皇室会議により日の本のマツリを行ったということでもある。

これが理想であろう。これを目指すが、現代では皇族神数が少なく行えない。皇族には最低何百人、常時何千人まで増えていただく必要がある。そうすれば、日の本のほとんどの臣達は、皇族になる。

現代はまだ皇族の方々の神数が少ないので、それに変わる臣達が皇室と共に、中枢で政治を行う。これが内閣の基本である。そこで天皇は自らの意見や方針を述べ指導する。内閣の臣達は天皇の手足の如く働く。ただし、天皇の考えより良い政策があれば、それを提言することが出来る。君臣が目指すのは天成《あめな》る道《みち》だからである。

重要なのは天成る道を行えるかどうかにある。これをいかに実現していくか、天皇を中心に皇族、臣達が議論し、実行していく。

行政権

天皇、皇室が中心となり、日の本の行政を執り行うのが、我が国の伝統である。現代は多くの臣達と共に行政を司る。直接制と間接制の併用となる。

法案の数が多いので、天皇、皇族の指導の元、通常は内閣が行政権を行使する。そして、天皇の直接制も残す。先に挙げた、天皇による「立法権の行使」「公共の安全と災厄の除去」「公共の安寧と秩序の保持、国民の幸福の増進」などは、行政権の行使まで及ぶ。更に必要な時には、天皇の詔によって、天皇自ら直接、行政権は行使される。条文は

「内閣は、天皇の承認を得て、行政権を行使する。又は天皇は行政権を行使する。」

内閣の構成

既に、臣や閣僚について、次の条文を挙げた。第五条「天皇は全ての臣を任免し、又は承認する」、第二十九条「天皇は内閣の大臣及び国会議員を任免する。又は内閣が国会議員を推薦し、天皇が任命する」。

従って内閣は、天皇が任免する総理大臣や閣僚によって構成される。条文は

「内閣は、天皇が任命する内閣総理大臣及びその他の国務大臣によって構成する。」

天皇は閣議などに臨席する

弟八代天神・天照大御神は自らマツリを行った。『ホツマ伝へ』より「自らマツリ　聞こし召す」。天皇が内閣でマツリを行うのは当然のことである。

現代の議員立法と内閣提出法案などの制度は残す。法案が国民、他の臣達や議員、内閣などから発議され、国会で審議される。国民や他の臣達などからの法案は、専門の機関で審査され、貴真議員がとりまとめる。あらかじめ皇族が国会、地方議会や、あらゆる委員会に出席し、皇室の方針を伝え、指導する。

同じように、天皇陛下は、あらゆる閣議において発言し、方針を伝え、問い正すことができる。既に述べた第四十九条「議事の決議」にも、影響を与えることができる。内閣提出法案に意向を伝えることができる。

もし、仮に修正を加えたり、廃案にする必要のある法案の場合は、閣議で審議する前の段階の懇談会などで、修正や差し戻しや廃案などの指導をする。天皇は内閣のいかなる会合にも臨席できる。天皇陛下が法案を制御しやすい環境を作る。

制御しやすいといっても、その判断の基準は、その法案が天成る道に添うかどうかということである。

このように議員、内閣、そして皇族、天皇と二重三重のチェック機能を働かせて、天成る道

に則る法案の成立を目指す。条文は

「天皇は閣議に臨席して発言、質問することができる。」

内閣の事務

国内外の事務は多岐にわたる。従って、天皇陛下の承認の元、内閣が代わって諸事務を行う。天皇陛下の負担を減らす。そして、天皇陛下の承認が得られなければ実行できない。内閣が行う以下の事務は、天皇の承認を得て行われる。条文は

「天皇の承認を得て、内閣は、他の一般行政事務のほか、次に掲げる事務を行う。

一　法律を誠実に執行し、国務を総理すること。

二　外交関係を処理すること。

三　条約を締結すること。

四　予算案及び法律案を作成して国会に提出すること。

五　法律の規定に基づき、政令を制定すること。

」

天皇の御璽《ぎょじ》

皇族はじめ、首相、閣僚、貴真議員、その他の臣達や、多くの国民により、法案が貴真に提出される。そして、天皇陛下、皇族の指導の元に成った法案や制令は、担当大臣と総理大臣が

署名し、最後に天皇陛下の御璽《ぎょじ》が押され発行される。

万が一、その法案が国家国民に反する場合は、天皇はその法案を内閣や議会に差し戻し、更に審議させることが出来る。更に三重の守りとして、天皇はその法案を廃案にすることも出来る。

このように何重にも守りを固めるのは、天成《あめな》る道《みち》を行い、国家、皇室、国民、国体を守るためである。そのために天皇は強力な権利を保持する。天皇自らの立法も行うこともできる。

これは『大日本国憲法』第一条に「大日本国は万世一系の天皇が統治する」のであるから、当然のことである。条文は
「法律及び政令は、国務大臣と内閣総理大臣が連署し、天皇が御璽《ぎょじ》を押し発布する。2 その法律及び政令が国家国民に反する場合は、天皇はその法案を国会に差し戻し、審議をやり直させることができる。又は、天皇はその法律及び政令を廃案にすることができる。」

■ 第四章　内閣　まとめ

（行政権の行使）
第五十条　内閣は、天皇の承認を得て、行政権を行使する。又は天皇は行政権を行使する。
（内閣の構成）
第五十一条　内閣は、天皇が任命する内閣総理大臣及びその他の国務大臣にって構成する。

（天皇の指導）

第五十二条　天皇は閣議に臨席して発言、質問することができる。

（内閣の職務）

第五十三条　天皇の承認を得て、内閣は、他の一般行政事務のほか、次に掲げる事務を行う。

一　法律を誠実に執行し、国務を総理すること。

二　外交関係を処理すること。

三　条約を締結すること。

四　予算案及び法律案を作成して国会に提出すること。

五　法律の規定に基づき、政令を制定すること。

（天皇の御璽《ぎょじ》）

第五十四条　法律及び政令は、国務大臣と内閣総理大臣が連署し、天皇が御璽《ぎょじ》を押し発布する。

2　その法律及び政令が国家国民に反する場合は、天皇はその法案を国会に差し戻し、審議をやり直させることができる。又は、天皇はその法律及び政令を廃案にすることができる。

大日本国憲法　第五章　国民　伝統の人権尊重

既に六千年以上前の、初代天神・国常立神より、我が国では、基本的人権が確立していた。人の命を尊ぶのは、神代からの伝統である。

弟八代天神・天照大御神の詔「思へ命は　身の宝」。第一九代ヤマトフトニの天君（孝霊天皇）による「鹿犬《しかいぬ》千《ち》より　人一人《ひとひとり》」などの詔が、この伝統をよく表している。

我が国では、既に建国時の約六千年以上前から、人権が存在していた。それを証明するのが、我が国では奴隷制が無かったということである。

奴隷制度ほど人権を無視するものはない。これが無かったのだ。なぜか。皇室があるためである。初代天神・国常立神の時代から、国民を大切にすることが、我が国の伝統であった。巻末の「タカマ・モトアケ図」にあるように、人の魂を尊ぶ。そのために奴隷制がなかった。

その伝統により、『大日本国憲法』の貴真体制では、国民の生命が尊ばれる。そして掟の範囲内で、自由が基本である。現代、我々国民は、憲法や法律などの範囲内で自由だが、それと同じ。我々国民は基本的には現代と同じく、自由を謳歌できる。ただし、行き過ぎた自由は、『大日本国憲法』や法律の範囲内で、規制される。

これは明治憲法や『日本国憲法』でも、ほとんど同じなので、我々国民は現代とほぼ同等の自由を謳歌できる。特に『大日本国憲法』が施行されたから、不自由になることはない。更に、国民は、『大日本国憲法』と貴真体制により、格段に大切にされるのである。

欧米で起こった共産主義は、国民殺人主義となった。国民を搾取弾圧し、国民の人権はない。また、片寄った民主主義による人権も、不効率で、国家混乱をもたらす。

ただし、欧米の人権は闘争と多くの犠牲の上になったものである。従って、良い部分は『大日本国憲法』に取り入れ、日の本の伝統をより生かす。

現代、皇室が国民を大切にしていることは、今現在、我々が常日頃経験していることである。皇室は初代天神・国常立神よりの伝統を伝える。この伝統が、『大日本国憲法』によって、現実に身近で日常のものとなる。

国民《くにたみ》は国の宝である

三種の神器のことを三種《みくさ》の神宝（かんたから）といい、三種《みくさ》宝ともいう。そして国民のことをヲヲン宝ともいう。ヲヲンは最上級のコトバである。神代から、国民をいかに大切にしてきたかを、良く表している。

また、（一）の都鳥（みやこどり）の詔に「形は八民《やたみ》」とあるように、国体の体は国民のことでもある。都鳥の詔に国民が記されていることが、いかに国民を重視しているかをよく表している。

『ホツマ伝へ』をそのまま紀記や旧事紀などが伝えていたら、この思想は今に伝わった。しかし、そうはならなかったので、現代に正しく伝わらなかったのだ。

国民《くにたみ》は天神の子や孫である　万姓一系《ばんせいいっけい》の思想

初代天神・国常立神の建国時より、国民は天皇の子や孫であるという思想があった。つまり万姓一系の思想である。万世一系の思想も神代からあるが、こちらは万姓一系である。

天照大御神の詔「ヨロの齢（よわい）の　御子と彦　やや千代《ちよ》保つ　民も皆　クトコタチの子末《こすゑ》なり」がこれを表す。

家族で例えると、天皇と皇后が父母で、国民は皇族の子孫である。日の本は、天皇と皇后を父母とする超巨大な一つの家族である、と考えると解りやすい。

勿論この中から、反日者や共産主義者などが除かれるのは、当たり前のことだ。国民は、義務を果たす良民でなければ、国民と呼ばない。

人類唯一の伝統ある、日の本の国民であるということは、大変名誉なことである。これが、神代から続く我が国伝統の思想なのである。

日の本の国家理念の一つ　国民《くにたみ》の豊かさと居安さの実現

我が国の憲法の憲法・『トの教ゑ』には、国家理念というべきいくつかの柱がある。その一つが、国民の豊かさと生活のし易《やす》さの実現である。

「普（あまね）く民も　ユタカなり」「なおユタカにて～民ヤスク」「ユタカに肥えて　民

ヤスク」などにより明らかである。これには多くの事を含み、多くの事が実現しないと達成できない。

国民の資格

天皇や臣とはいかなる存在であるか、国民がよく理解していない。同じように、日の本の国民とはいかなることなのかも、ハッキリ理解されていない。従って、明治憲法「日本臣民」の「国民」も新たに定義する必要がある。

初代天皇・国常立神以来、我々国民の先祖は、各時代の天皇と共にあり、国造りを行ってきた。そして、今あるのが日の本の国である。

天皇は世界唯一無比、人類唯一無比の存在である。そして実は、我々国民も世界唯一、人類唯一の国民という、大変名誉ある存在なのである。日本国民であるだけで大変な名誉があるのだ。この思想を『大日本国憲法』に生かす。

神代でも、下民《したたみ》とあるように、国民も別れていた。現代ヤマト国民であるためには、現代に合わせた、我が国独自の制度が必要であろう。名誉ある正規の国民になるためには、相当な年数が必要となる。

外国からの帰化人たちは、三代に亘りヤマトの良民であった場合に限り、ヤマト国民の正式の資格を与えるべきと考える。それほどヤマト国民の地位は伝統があり、名誉なことなのである。世界唯一、人類唯一の国民であり、国民性なのである。

現代ヤマト国民の民度は世界一である、という認識が世界の常識になっているようだ。その通りだ。我々の国民性は、皇室と共に、六千年の歴史と伝統により、育まれたものだ。

シナや朝鮮などからの違法滞在者は、勿論国民ではない。全て国外退去を命じる。また、シナや朝鮮などからの帰化人の犯罪率は大変高い。罪によっては、帰化したと言っても、ヤマト国民の資格を剥奪する。特別税を課し、ヤマト国民の優遇処置を一切与えないのは当然だ。『大日本国憲法』による、数々の国民の優遇処置、待遇は与えない。貴重な国税は一円たりとも与えない。

ヤマト国民であり、日本国籍を持っていても、何度注意しても目に余る国体侮辱や国体破壊活動、スパイ活動などをした反日者共も、国民の資格を制限し、奪うのは当然である。

このように、長い伝統があり、名誉あるヤマト国民であるためには、別途法律を作り、専門の部署を設け、審査すべきと考える。

現代は、共産主義者や反日主義者共が、日の本の議員や国家公務員、地方公務員などになっている。ヤマト全体が、実に異常な、信じられない大変危機的な状態に陥っている。

日の本、国体の破壊が目的の共産主義者や反日主義者は、日の本の議員や国家公務員、地方公務員など、公の職に就くことを、一切禁止する。これらを全て改善して、日の本から共産主義者や反日主義者共を全て断つ。

このようにして、古来からの伝統に叶う正規の国民は、資格により等しく文武官になれる。

条文は

「日本国民であるための要件は法律の定めるところによる。」

「日本国民は法律の定める資格に応じて等しく文武官に任命され、及びその他の公務に就くことが出来る。」

明治憲法と文面は似ているが、臣と国民を分けるので、内容が違う。また国民の要件を定める条件も違ってくる。同じ内容ではない。

国民による国体の侮辱などの禁止

日の本の国は、人類がヤマト列島と共に、一〇万年以上かけて造り上げてきた、世界唯一、人類唯一の国家である。そして、国家、皇室、国民、国体は一体であり、これが我が国の伝統である。そのため、我が国の良き伝統は全て尊い。

良き伝統は、我が国の宝であり、世界の宝なのである。従って、その伝統や、伝統の中心である日の本、皇室、国民、国体を侮辱したり、破壊活動をしてはならない。

建設的に議論することは大いに結構。大いにすべき。しかし、ヤマト国民でありながら、シナ人や朝鮮人と共に、共産党や反日勢力として、我が国や皇室の冒涜、国体の破壊活動などをすることに対して、禁止するのは当然だ。

ヤマトに居て、天皇の恵みを受けながら、反天皇や反日を叫んでいる人々は、伝統のヤマト国民ではない。従って、ヤマト国民の恩恵を受けさせるべきではない。伝統があり名誉あるヤマト国民とこれら反日民はハッキリ区別する。

共産主義や他の思想を研究し、論じるのは自由。しかし、国家、皇室、国民、国体を破壊しようとする行動は禁止する。国家、皇室、国民、国体を侮辱、冒涜したり、デモなどの行動をすることは禁止となる。

従って、明らかに国体を破壊するための、共産主義組織や反日組織も禁止となる。また、皇室や国体の破壊に繋がる極端な民主主義、平等主義の活動も取り締まる必要がある。条文は

「日本国民及び在日外国人は国家、皇室、国民、国体を冒涜又は侮辱してはならない。2 共産党及び反日の組織は禁止する。」

この条文により、騒がしい国家、皇室、国民、国体を破壊しようとする催しや集団による抗議活動はなくなる。必要ならば、さらなる憲法の条文を追加したり、法律を更に整備する。

国民の義務　勤労

働ける国民が働くのは、神代からの我が国の伝統である。国民一人一人の勤労が国力の源であり、勤労は、古来から国民の義務だ。

（一）の都鳥の詔に登場する、天照大御神の臣であり、弟十代天君ワケイカツチ神の左の臣でもあるアマノコヤネ神の事周《ことば》「世に有りながら　その業《わざ》に　生める宝お　ただ請ひて　喰ら

ふ犬こそ　天《あ》の罪よ」が、これをよく表している。アマノコヤネ神は春日大社の御祭神・天児屋根神である。

明治憲法では国民に勤労の義務がないのは以外だ。これは『ホツマ伝へ』が正しく紀記や旧事紀などに漢訳されなかったことによる。

古来より田や畑を耕し糧《かて》を得る。そのためには適度に働く。働ける国民が働かないで、ただ要求することは、固く禁じている。

働ける国民の、一働きや一日の働きにより、糧《かて》を得る。その中の一部を、初穂《はつほ》として天に上げる。これが国体の経済の源である。そのために国民は「ヲヲンタカラ」と呼ばれた。国の宝なのである。

しかし、現代は国民の労働環境は変わっている。中には自営業もあるが、従業員となって働く人々が多い。平成三〇年の職員や従業員は、正規と非正規合わせ、約五六〇〇万人。人口が約一億二五〇〇万人であるから、人口の半分弱位の国民が、従業員として働いていることになる。そして、法人税や従業員などが納める所得税は、国家予算の半分以上を占める。

明治憲法には、勤労の義務の条項はないが、『日本国憲法』には、この条文が載る。

「第二十七条　すべて国民は、勤労の権利を有し、義務を負ふ。

2　賃金、就業時間、休息その他の勤労条件に関する基準は、法律でこれを定める。

3　児童は、これを酷使してはならない。

第二十八条　勤労者の団結する権利及び団体交渉その他の団体行動をする権利は、これを保障する。」

自由民主党の憲法改正草案（平成二四年）の勤労の義務の条項は

「（勤労の権利及び義務等）

第二十七条 全て国民は、勤労の権利を有し、義務を負う。

2 賃金、就業時間、休息その他の勤労条件に関する基準は、法律で定める。

3 何人も、児童を酷使してはならない。

（勤労者の団結権等）

第二十八条　勤労者の団結する権利及び団体交渉その他の団体行動をする権利は、保障する。

2 公務員については、全体の奉仕者であることに鑑み、法律の定めるところにより、前項に規定する権利の全部又は一部を制限することができる。この場合においては、公務員の勤労条件を改善するため、必要な措置が講じられなければならない。」

自民党案は『日本国憲法』の条項に公務員の条項が足されている。これらには我が国伝統の勤労の義務の思想が文章に書かれている。従業員の「賃金、就業時間、休息その他の勤労条件に関する基準」も書かれている。

一見良さそうだ。しかし実際、筆者は何十年も民間の会社で働いてきて、この憲法下での労働環境が、現実の実状に生かされているとは、とても思えない。

大企業も同じく、中小企業の従業員の労働環境は厳しい。中には従業員を搾取している企業もある。死に追いやることもある。従業員を機械やその部品のようにに扱っている会社が多い。日の本の会社のほとんどは中小の会社である。

憲法の規定が、日の本全国津々浦々まで浸透していない。労働基準監督署がこれを行うべきだが、良く機能していない。敢えて機能させていない。それは企業の利益を増大させるためだろう。そして献金のため。

しかし本来、「企業は人材」と言われるほど、従業員は大切だ。従業員が、心身共に健康で、生き生き働ける環境があれば、企業の実績は上がり、税収も増える。『大日本国憲法』は、この当たり前のことを徹底させ、充実させる。

既に、第二十一条「皇室と国民及び企業との連絡会議の設置」と第三十四条「臣と国民及び企業との連絡会議の設置」の条文を挙げた。

そしてこの後、第九十条「貴真及び地方議会と各企業団体との連絡協議会の設置」、第九十二条「労働基準監督官の大幅な増員」、第九十四条「従業員の心身健康管理局の設置」などの数々の措置を設け、国民、従業員を保護、支援する。

これにより、『大日本国憲法』では、既存の機能を桁違いに充実させ、又は新たに部署を設け、実際に従業員の労働環境が良く行われるように、指導し実現する。労働基準監督署の内容を、桁違いに充実させる。

また「勤労者の団結する権利及び団体交渉その他の団体行動をする権利」は廃止する。変わって、各企業と勤労者との、国営又は地方公共団体の調停委員会を設ける。

これにより、ヤマトの敵、共産党の入る余地を残さない。これは、無用な労働争議などにより、企業と勤労者の争いを避け、国力を落とさないためでもある。

労働環境の整備については、『大日本国憲法』の中で、「企業と従業員」の章を設け、労働環境を徹底的に整備する。

『大日本国憲法』に「企業と従業員」の章を設けるのは、この問題を重視しているためだ。

条文は

「全て日本国民は、勤労の権利を有し、義務を負う。2　賃金、就業時間、休息その他の勤労条件に関する基準は、法律で定める。3　何人も、児童を酷使してはならない。」

国民の義務　納税

納税は初穂《はつほ》として、初代天神・国常立神より国民の義務であるのが、我が国の伝統である。

初穂とは税金のこと。

全く誤解され、理解されていないようだが、そもそも基本的に初穂（税金）は、全て天皇家に納められるものである。そして、天成る道に則るトの教ゑの実践により、天皇家が直接国民に返すものなのである。これが基本だ。

税金は、官僚や税務署のものだ、と豪語する輩もいるようだが、これは全く違う。税金は天皇家の物であり、国家や国民全体の物でもある。

その後、国民、国の規模が大きくなったので、天皇家だけでは全てを行えない。そのために、天皇統治のもと、貴真、地方議会、行政などにより、国民に返される。

天照大御神のイセの道の一つで、春日大社の御祭神、天児屋根神《あまのこやねかみ》の事周《ことば》に「天に受け　天に還るぞ」とある。これが貴真体制下の、税金、経済などの仕組みをよく表している。

ヤマト国民には長い伝統があり、多くの恩恵を与えられる。同時に義務がともなう。その一つが初穂であり、古来より国民の義務とされた。

同時に、『大日本国憲法』において、国民の義務である納税は、非常に柔軟性があるのが、最大の特徴である。この古来よりの伝統も、よく理解されていない。

財政の章でも取り挙げるが、天皇陛下が租税を課し、税率を決定する。そして、貴真体制による、財政の健全で余裕のある予算、安定的な経済運営や、万が一の備えなどにより、大変柔軟な課税、税率を実現する。従って、納税の義務の文面は同じだが、内容は大いに異なる。条文は

「日本国民は、法律の定める所により、納税の義務を有する。」

防衛の伝統

防衛は神代からの伝統である。神代では、敵軍に対しては、天皇と皇族自らが先頭に立ち、多くの臣達、兵士が一丸となって戦った。イサナギ神、イサナミ神の二神が然り。天照大御神が然り。神武天皇、景行天皇も然り。

現代は、天皇が国軍を統帥し、大日本国軍が中心となって、敵国に対処する。ミクサノカンタカラ（三種の神器）の八重垣《やゑがき》の剣は国家、皇室、国民、国体を八重に守ることでもある。

現代の防衛

国防は、まず我が国が『大日本国憲法』により、独自の国軍を持つ。その上で友好国と協力し、敵国に対処する。

ヤマトは、シナ、朝鮮、ロシアなど、何カ国もの野蛮な侵略国に囲まれているのが実状だ。北方領土や竹島は奪われたままだ。尖閣は、支那が領海、領空を度々侵す。また、既に情報戦や、あらゆる分野に亘り、敵の分子がヤマト国内に入り込み、静かなる戦争を仕掛けられている。差し迫った問題だ。既に戦争状態にあるとも言える。

協力国の自由主義国やアメリカも全てよいというわけではない。まず日米安保同盟は、ヤマト軍の台頭を抑えるためにある。そしてアメリカの利益を得、ヤマトをアメリカの防波堤にするためにある。

アメリカの国益にとっては、ヤマト国、皇室、国民、国体はなんの関係もなく、利益になればいいのであって、ヤマトが経済的、軍事的に強くなれば、脅威となるだけである。

ヤマトをアメリカの防波堤としか考えていない。しかし、アジアの覇権をとるためには、ヤマトと協力せざるをえない。ただ強くなっては困る。米国の身勝手も甚だしい。

『大日本国憲法』により、軍事の面でも真の自主独立を果たす。これが当たり前なのだ。その上で、アメリカなどの友好国と、対等に友好関係を結び、協力すべきは協力する。

アメリカは強力で強大な日本を、大変警戒している。しかし、いずれ日の本は経済、文化、そして軍事面でも、アメリカを遥かに上回る時代が来るだろう。アメリカはヤマトを警戒するが、我が国は、独自性を保ちつつ、友好国として振る舞う。

敵国に対しては、皇室や臣達と共に、国民全体で守るのは我が国の伝統である。富国強兵。そして、いかなるミサイル攻撃や核弾道ミサイルなどを、何百発でも同時に一〇〇%、一瞬で打ち落とせるレーザー兵器の開発が待たれるところである。

しかし、完璧なレーザー兵器などの完成までは、核を擁する敵国に対しては、核抑止力に頼らざるを得ない。また、レーザー兵器が完成しても、それを使えなくなったらどうするか、ということにも備えなければならない。

電力施設などを攻撃されたら、レーザー兵器が使用できなくなる。そのためにも、強大な核兵器を持っているだけで、戦争の抑止力になる。

日の本の、精密で最強の核弾道ミサイルの保有による、核抑止力により、敵国による核弾道ミサイル攻撃は絶対にさせない。許さない体制を整える。

また敵国の通常兵器による侵略に対しては、強大で精強なヤマト五軍によりヤマトには近づけさせない。近づけば一人残らす生きて返さない。敵軍、敵兵を殲滅する体制を築く。万が一、我が国に進入してきた敵軍は、徴兵制による強力な日本国軍により討ち破る。更に、一億人以上の、国民による国防軍が控え、天皇家、国民、国体を守る。侵略しようと上陸した敵軍は一人たりとも敵国に返さない。一人たりとも生きては敵国に帰ることはできない。

このような強力な体制を作り、これを誇示することが、敵国の侵入、攻撃する力を与えないことに繋がる。戦争の抑止力になるのだ。

ミクサノカンタカラ（三種の神器）の一つ、八重垣の剣は、ヤマト、皇室、国民、国体を八重に守るための神器なのである。

国民の義務　徴兵制

述べたように、日の本は多くの敵国に囲まれている。シナなどに征服されれば国家、皇室、国民、国体の全てが破壊される。従って、皇室と臣達が中心となり、国民も加わり、一丸となって防衛を行うのは当然のことである。

『大日本国憲法』では明治憲法と同じく、徴兵制を設ける。ただし、時代に合わせ最適な制度を構築し、運用する必要があろう。

よく議論を行い、期間や時期などは柔軟に法律で定める。また、徴兵制にはいろいろ利点がある。例えば

あ　自分達の国は自分達で守る
い　国防意識が持てる
う　徴兵制の存在が戦争の抑止力になる
え　国民に規律、礼儀、体力、健康が備わる
お　国防訓練などにより地域意識が高まる
か　ヤマトに多い災害対策の備えにもなる

仮想敵国、技術の進歩、その時代の作戦など、その時代により、防衛の方法も変化する。兵役年数を三年間などとすると、国民や企業に与える影響が大きくなる。期間は半年から一年位でいいのではないか。なるべく国民生活に影響ないようにすべきだろう。

徴兵制を終わっても、国防に協力するのは国民の義務である。働きながらも、手軽に国防の訓練ができる制度、体制づくりに知恵を絞る。

現代の徴兵制はいかにすべきか、国軍や軍事専門家の意見も聞いて決定する。その時代、その情勢に最適な体制、組織が作れるという『大日本国憲法』による、貴真体制の特徴を生かす。

条文は

「日本国民は、法律の定めに従って、兵役に就く義務を有する。２　兵役の時期、期間などは別途法律で定める。」

ヤマト全国に亘る、国民による国防軍の組織　国防と防災

我が国伝統の国防は、日の本を皇室と臣達と国民で守る。天皇統帥の元、国軍中心で守るが、国民が国軍と連携、協力し、更に守りを固める。何重にもヤマトと国民を守る。

そして、日の本の国防は防災と通じる。ヤマト列島は大陸プレートの移動、台地の収縮、収縮による造山活動、それに伴う地震、火山活動などによって成った国である。大規模な災害が元々多い。そして、雨量が多く、台風の通り道でもある。

自然災害は常にあり、中でも巨大地震、巨大津波による大災害では、何十万人の死者が予想されている。これは戦争による死者と同じような数である。災害に自衛隊が出動するのは日常となっている。

従って、国防と共に、全国の防災を兼ねた組織を整備することが、我が国を敵国と災害から守ることに繋がる。常に国防を行うことは、常に防災に備えることと、共通する所がある。そのため、常日頃、国防や防災の訓練を行う。連携を確認し、練度を高める。

訓練には体力も必要で、国民体力全体の向上にも繋がる。すると、国民の体力が向上するので、国民全体が健康になり、健康保険の利用率が下がる。地域の連携も強まる。

また、防災は主に国防軍と防災隊が担当するので、大日本国軍本隊は防衛に専念できる。施設などを一緒にすれば、経費の節約にもなる。

全国国防軍の中心は退役軍人が中心となろう。また、公安や全国の警察、消防のＯＢなども、

国防軍の柱になる。これらの人達の再就職対策にもなる。大規模な組織になるので、公務員OBの再就職問題も解決する。

全国民による、巨大、強力な国防体制により、ヤマトを攻め、占領することは絶対不可能だと敵国に思わせることが重要だ。これが敵国に対しての強力な抑止力の一つになる。条文は

「日本国民による国防軍を日本全国に組織する。詳細は別途法律で定める」

国民の基本的人権の尊重

「国民」の冒頭で述べたように、初代天神《あまかみ》・国常立神《くにとこたちかみ》時代より、基本的人権と同じ思想は常世国《とこよくに》には、既にあった。そのために、我が国には奴隷制度は存在しない。奴隷制度は基本的人権を全く無視したものだ。

神代より、ヤマト国民は、天神を中心とした家族の一員のように、指導されて、大切に守られてきた。

近代の基本的人権は欧米で、激烈な闘争と多くの犠牲の上に成り立った制度であるが、我が国の伝統に合うものが多くある。その良い点は『大日本国憲法』に取り入れる。

ただし、我が国の基本的人権は国家、皇室、国民、国体を侵さない範囲内という制限がつく。

これらの多くは、我が国だけの特質である。それの方が我が国にはシックリ合う。

これによって、世界に我が国の特別性を示せる。我が国でしかできないことであり、世界で

賞賛、あこがれの対象になるだろう。

『日本国憲法』や自民党の憲法改正草案を参考にするが、いくつか我が国独自の条文が入る。基本的人権に関わる条文は多くなる。

(基本的人権の享有)

日本国民は、国家、皇室、国民、国体を侵さない範囲内で、基本的人権を享有する。

(国民の責務)

日本国民は、自由及び権利を濫用してはならない。自由及び権利には責任及び義務が伴うことを自覚し、常に国家、皇室、国民、国体の秩序に反してはならない。

(思想及び良心の自由)

思想及び良心の自由は、保障する。

(表現の自由)

集会、結社及び言論、出版その他一切の表現の自由は、国家、皇室、国民、国体、国防を侮辱し破壊しようとしない限りに置いて、保障する。
2　前項の規定にかかわらず、国家、皇室、国民、国体、国防の秩序を害することを目的とした活動を行い、並びにそれを目的として結社をすることは、禁止する。
(居住、移転及び職業選択等の自由)

何人も、居住、移転及び職業選択の自由を有する。

（学問の自由）

学問の自由は、保障する。

（生存権等）

全て日本国民は、健康で文化的な最低限度の生活を営む権利を有する。

（教育に関する権利及び義務等）

全て日本国民は、法律の定めるところにより、その能力に応じて、等しく教育を受ける権利を有する。
2　全て日本国民は、法律の定めるところにより、その保護する子に普通教育を受けさせる義務を負う。義務教育は、無償とする。
（財産権）

財産権は、国家国民の利益に反しない限りに置いて、保障する。
2　財産権の内容は、公益及び公の秩序に適合するように、法律で定める。
3　私有財産は、正当な補償の下に、公共のために用いることができる。
4　財産権が国家や多数の国民にとって必要な場合は、調停委員会を置いて、その調停に従うものとする。
（裁判を受ける権利）

何人も、裁判所において裁判を受ける権利を有する。

（逮捕に関する手続の保障）

何人も、現行犯として逮捕される場合を除いては、裁判官が発し、かつ、理由となっている犯罪を明示する令状によらなければ、逮捕されない。

（抑留及び拘禁に関する手続の保障）

何人も、正当な理由がなく、若しくは理由を直ちに告げられることなく、又は直ちに弁護人に依頼する権利を与えられることなく、抑留され、又は拘禁されない。

2　拘禁された者は、拘禁の理由を直ちに本人及びその弁護人の出席する公開の法廷で示すことを求める権利を有する。

（住居等の不可侵）

何人も、正当な理由に基づいて発せられ、かつ、捜索する場所及び押収する物を明示する令状によらなければ、住居その他の場所、書類及び所持品について、侵入、捜索又は押収を受けない。ただし、第七十二条の規定により逮捕される場合は、この限りでない。

2　前項本文の規定による捜索又は押収は、裁判官が発する各別の令状によって行う。

（拷問及び残虐な刑罰の禁止）

公務員による拷問及び残虐な刑罰は、禁止する。

（刑事被告人の権利）

全て刑事事件においては、被告人は、公平な裁判所の迅速な公開裁判を受ける権利を有する。

2　被告人は、全ての証人に対して審問する機会を十分に与えられる権利及び公費で自己のために強制的手続により証人を求める権利を有する。
3　被告人は、いかなる場合にも、資格を有する弁護人を依頼することができる。被告人が自らこれを依頼することができないときは、国でこれを付する。
(刑事事件における自白等)

何人も、自己に不利益な供述を強要されない。
2　拷問、脅迫その他の強制による自白又は不当に長く抑留され、若しくは拘禁された後の自白は、証拠とすることができない。
3　何人も、自己に不利益な唯一の証拠が本人の自白である場合には、有罪とされない。
(遡及処罰等の禁止)

何人も、実行の時に違法ではなかった行為又は既に無罪とされた行為については、刑事上の責任を問われない。同一の犯罪については、重ねて刑事上の責任を問われない。

(刑事補償を求める権利)

何人も、抑留され、又は拘禁された後、裁判の結果無罪となったときは、法律の定めるところにより、国にその補償を求めることができる。

選挙はないが良い政策は採用され実行される

天皇家は、六千年以上に亘り、国家のマツリを行ってきた。天皇が代表として、皇室が中心となり、臣達と共に日の本の政治を行うのが、我が国の伝統である。

天皇が、議員始め全ての臣や公務員を任免又は承認する。従って国民の選挙はない。選挙の弊害は、既に第一節で述べた。我が国には、民主主義、社会主義などより、遥かに勝る最強の貴真主義、貴真体制が存在する。

そのため、選挙に関連する憲法や法律も必要ない。これが神代憲法による『大日本国憲法』の特徴の一つである。『大日本国憲法』は貴真体制の元で運用される。

選挙はないが、国内のあらゆる提言や政策は、準貴真である地方議会や貴真に上げられる。貴真体制では、皇族始め、あらゆる臣や全国民が、地方や国に対して、本人や所属団体の政策や法案を提出し、審議されて、成立する場が与えられる。皇族、臣達の法案は直接、地方議会や貴真議会で審議される。

中央、地方とも、その時点の最良の政策や法案が採用される。良い政策や法案は審議され実行される。従って、議員と国民との政策の区別はない。最良の政策だけが採用される。

地方議会や貴真で妙案がないこともあろう。そういう場合は、ヤマト全国民や世界中に妙案を募集することもある。それが出来る時代になった。

全国民なので法案や政策などの数は大変多くなる。おそらく何万、何十万という数だろう。従ってこれを裁く専門部署が必要になる。これは豊かな財政により、法律で整備する。

国民が政策や法案を提出するのに、国民の家や連絡会議などの施設からでも、できるようにする。又は直接、国民専用回線などを使用すれば、経費節約になる。担当職員も必要。数が多いので、人工知能を使用する方法もある。全国民の意見や考えが反映されるので、大切な部署となる。長や副長、支部長などは臣の位になろう。条文は

「日本国民の政策や法案は全て議会に送ることができる。詳細は別途法律で定める。」

ヤマト国、皇室、国民、国体を破壊する共産党の活動を全て禁止する

ヤマト国、皇室、国民、国体の破壊を最終目標とする、共産党の活動は全て禁止する。当然の事である。

共産党は国民弾圧、殺人党である。そして、日の本の全て破壊して、敵国に売り渡し、共産党国家を樹立することが最終目標である。これは、ソビエト連邦やシナ共産党、北朝鮮共産党などを見れば、明らかである。

従って、この危険思想の団体活動を、全て禁止するのは当然のことである。規制をすると、共産主義者は名を変えたり、他団体に紛れてごまかそうとするが、それも追究し、禁止し廃止する。全て断つ。

また、行き過ぎた自由主義者や自由主義団体などでも、日本国、皇室、国民、国体などを破壊しようとする活動は、全て禁止する。条文は

「共産主義者及び共産党並びにいかなる主義者及び団体でも、日本国、皇室、国民、国体などを破壊し、又は破壊しようとする活動を全て禁止する。」

信教の自由

国教を神道であるが、国民の信仰の自由は保障する。しかしそれは、国教である神道の思想や行事などの行為を妨げない範囲での、信仰の自由という制限は加わる。

神道を国教とする世界唯一の祭政一致の国家で、神道を侮辱したり、神道行事への妨害を禁止するのは当然である。条文は

「日本国民の信仰の自由は、国教である神道の思想、行事などの行為を妨げない範囲内で保障する。２　国民は神道を侮辱したり、神道の行事を妨害してはならない。」

国民への住宅の支給　　衣食住の充実

初代天神・国常立神の時代より、国民の衣食住を充実させるのが、我が国の伝統である。皇室も臣達も衣食住が整い、その力が発揮される。同じく、国民も衣食住が整い、その力が発揮される。これが我が国の伝統である。この伝統を現代に少しずつ甦らせる。

国民生活の基本は、生存競争であり、自由競争である。そして、国内で鍛えられることによって、世界との競争にも互して行ける。そして、この中でありとあらゆる文化も育つ。

しかし、全くの自由競争ではない。上下水道、電気、ガス、道路などは、国が整備する必要がある。いわゆるライフラインの整備である。その中に住宅も加える。つまり、基本的には、住宅を国民に支給する。家賃も住宅に見合った分は支給する。

いきなり無償化すると、国内経済が大混乱に陥るかもしれない。計画を立て、国内経済を繁栄しつつ、実現していく。家賃も住宅に見合った分は支給する。予算は、優れた貴真からもたらされる豊富な国家予算をこれにあてる。

国民の住宅は、基本は無償である。そして、多様性を求める国民には、土地や住宅の大きさなどの多様性を、法律を設けて満たしていく。

・国民の住いの基本理念と伝統　魂と家

元々、ヤマトの国土全ては天皇家と国民のものである。代表して天皇のもの。全て皇室に属し、国民の必要に応じて分け与えられる。これが伝統である。

住宅は国民生活の中心となる場所である。そこで人が生まれ育つ。魂が生まれ育つ。現代は出産は病院が多いようだが、その後は各々の家で育つ。

初代天神・国常立神により、家造りが行われて以来、国民は常に天神と共に、国造りを行ってきた。何千年も天神と共に苦楽を共にしてきた国民には、生活の基盤である住まいくらいは、最終的には無償で提供されるのは、当然のことと考える。

生活の基本、衣食住が整う。その上で国民の力が発揮される。国民の力が発揮されれば地方が栄え、国が栄える。

・増え続ける森林資源

進む高速鉄道技術と地方に余る広大な土地

現代日本には、増え続ける膨大な森林資源があり、高度な高速鉄道技術がある。土地も地方には余っている。

日の本国土の約七割が森林といわれている。森林を、計画的に伐採する。これにより、森林を良く管理できる。森林は人がうまく管理することにより、より自然の力が発揮される。またこれと同時に、日の本全体の里山、里海の伝統を残す。

また大量の国民住宅用地を確保するために、既存路線の整備と共に、周辺住宅地の開発、確保を行う。

また新路線の開発も必要になる。そのために、国が主導して、高速鉄道技術を利用する。国営の高速鉄道は、大きな事業になるので、何十万棟、何百万棟という住宅と共に、国や地方経済を活性化する。

首都を東京だけにしておくのは別の問題として、時速500キロの高速鉄道なら、30分で250キロ行ける。東京駅から新潟市、富山市、豊田市まで、直線で約250キロ。福島市までは約240キロである。この路線全ての周辺地域の開発も行える。

資源的にも技術的にも実現可能なのである。日の本全国でこの事業を計画的に実現する。そして、国民の住宅を確保し、順次支給していく。

・新婚家庭、既婚家庭優先

整備でき次第、新婚家庭、既婚家庭を優先して、支給していくのが良い考えられる。そういう家庭に住まいが無償で支給されれば、家庭が安定する。家庭が安定すれば、自ずと人口問題も解決していく。

別に特別な政策ではなく、日の本の正規の国民に、衣食住が整えられるのは、我が国六千年の伝統からして、当然のことなのである。

これは、正規のヤマト国民だけに与えられる。在日のシナ人、朝鮮人始め外国人には与えられないのは当然のことである。ヤマト国民と外国人を区別する。差別はしないが区別する。

ヤマト国民にのみ、法律を定め、優先順位を決め、順次支給していく。これを毎年続け、何十年経つと、希望する全ての国民に住宅が無償で支給される。

衣食も勿論充実させ、衣食住が充実する。国民の仕事も、「企業と従業員」の章などで述べるように、優れた貴真政府により、格段に安定する。そして、生活のあらゆる相談は国民の家で、無料で相談できる。国民の衣食住が安定し、国民生活が安定する。そうすれば、地方が安定し国体も安定する。

・穏やかな変革

整備に年数をかける。不動産市場は巨大だ。あまり急激な変革は好ましくないかもしれない。穏やかな変革が良いだろう。

日の本中の住宅、鉄道、道路、町づくりなど、大きな国内事業、需要になるので、ヤマト経済全体が大きくなる。よく見定めて、最適な開発速度を決定していく。問題なければ、加速度的に事業を進める。一気に進めることもできる。

・低居住費による、企業競争力の強化と内需の拡大

例えば、該当家族の住宅ローンや家賃に月七万円かかっていたとする。これが全てなくなる。これにより、仮に給料が四万円下がっても、まだ三万円浮き、他の消費に回せる。国全体の消費が増える。ヤマト全体の需要が増え、供給が増し、ヤマト経済が活性化、巨大化する。

一方、会社は四万円安く、良質な人材が雇える。よって、ヤマト全国の企業の国際的な競争力は抜群に強くなる。更に、ヤマト国内の企業は、国より他のあらゆる分野で、国際的な自由競争の範囲内で、多くの支援が受けられる。

会社は大きくなり、社員が増える。日の本全体の産業は活発になり、求人も増える。自然と調和しながら、国民もヤマト国も豊かになっていく。

・住宅用資産の支給への道程　住宅用資産の国有化への道

ヤマト全体の不動産をどのようにするか。これは研究、議論の余地のあるところだろう。基本は、国家、皇室、国民、国体を損なわない政策であれば、何でも結構であるということ。思いっきり、大胆にやってよろしい。

自由市場の良さはある。不動産は原則、国民の自由市場、自由価格に任せる。しかし、国民の住まい、居住用資産はこの限りではないのだ。ここを誤ってはならない。住まいは、国民生活の中心であり、魂の育つ所だからだ。

事業用資産と居住用資産は峻別するべきだ。これが現代ではよく機能していない。これを格段に徹底する。

かつてバブル景気で、住宅用価格が乱高下した。それに振り回されたのが、国民の住宅であり、国民の生活であった。不動産の乱高下により、大切な国民の住まいが食い物にされた。自由主義経済の中において、国民の住宅、生活を守れず、国民の大規模な悲劇を生んだ。

現代の居住用資産には幾つか税制上の優遇処置等がある。しかし、これでは足りない。住宅政策を根本的に変えなければならない。

まず、住宅を投機の対象から外す。居住用資産と事業用資産を峻別する。そして居住用資産の価格を、法制と税制と資金によりコントロールする。

前回の土地バブルの時、地価は資金量と法制と税制でコントロールできたが、やらなかった。国民生活そっちのけで、その政策を放棄していた。これをしっかり実施しなければならない。

そして、いずれは、自由市場になるべく悪影響を与えることなく、居住用資産の国有化に導く。居住用資産のみ国有化する。もともと土地は天皇家のものであり、国民の物である。居住用資産を国有化すれば、国民への居住用資産の支給は大変やり易くなる。国民の住まいは安定する。条文は

「国は居住用の住宅を、整備でき次第、順次日本国民に支給する。支給の方法は別途法律で定める。」

国民の家の設立　全国限無く、民への教えを実践する

・国民の至らなさの自覚

既に述べたように、神代より「国民は国の宝である」と、国民を大変大切にする。これが初代天神・国常立神より続く、我が国の伝統である。

しかし、国民は到らない点が多いのは事実であり、これは古来より変わらない。国民の一部は、毎日ありとあらゆる犯罪を起こしている。マスコミに載らない事件も数限りなく多い。また、ほとんどの国民が、持てる自分の力を発揮できていない。国民の力を思うように発揮できないということは、国民自身のためにならず、国家のためにもならない。国力を落としていることになる。

このことも古代の神々は解っていた。そのために常々の教ゑが大切となる。天照大御神の教ゑは「臣等《とみら》ヒメモス　倦《う》まなくて　教ゑお常の　ワザと為せ」「民と為せ臣　臣と為れ民」。この教ゑをいかに憲法に入れ、現代に生かすか。

国民を一人前にするのには、大変手間も費用もかかる。しかし、有能で、逞しい指導者になった国民は、地域や国に大きく貢献する。貴真体制による豊かな財政により、これを実行して

いく。

・国民の家の設立　相談、臣達の講話、政策提出など

我々到らない国民にとって、身近できめ細かな相談と、それに対する迅速な解決が必要だ。これが、現代の映像、通信技術によって、できるようになった。国民がいつでも無料で相談できる国民の家を全国に設立する。

国民の家を全国に設置し、そこを我が国独自の専用回線で結ぶ。今の市役所や公民館のようであるが、遥かに国民生活に近くで付与する。独自の組織と予算をもたせ、その体制を整える。

善良な国民は勿論全て無料となる。そして善良な国民とシナ・朝鮮などの外国人や在日・反日などはハッキリ区別する。

他にも、国民に関わる組織や施設が出来るので、施設を共用できるところは共用すると経費節約になる。ヤマト国内には国防拠点や防災拠点、国民の健康と予防医療、地域再生の拠点などが桁違いに増強されるので、これらの施設と共用し、効率よく運営する。

また、現代の公民館や、全国で増えているといわれる空き家、余っている箱物などを利用すれば費用を節約できる。このための最適な法律化を進める。

いずれにしろ運営は国民の税金で賄われるので、議論し改善を重ね、国民の声もよく聞く。

そして、法律を定め、組織や施設を整え、最適、最良な運営を行う。

予算は特別会計の一本化や確実な行政改革、軽量な政府、すぐれた経済政策などによって十

分賄える。国民一人一人のための国民の家となる。

国民の家では、地域住民のための政策が色々行われる。地域によって最も良い政策を任す。次は、参考までに、考えられる国民の家で行われる、主な催し。

一、**身近で無料の生活相談**

地域住民のあらゆる相談を受け、そこで解決出来るものは、何でも素速く解決する。人生経験豊かな専門職員を配置する。難問は、全国のネットで直ぐ専門家に繋ぎ解決する。または、その場で専門機関を紹介する等々。

一、**皇室や臣達の教え、講話**

天照大御神の「臣等ヒメモス　倦まなくて　教ゑお常の　ワザと為せ」「民と為せ臣　臣と成れ民」の、教ゑの中心となるのが、皇室や臣達の講話である。

国民の家で、ヤマト中の臣達の講話が直接聞ける。引退した臣達は、全国を毎日回る。現役の臣達も、時間があれば、国民の家に出かけて講話する。出かけられなくても、全国の国民の家専用のネット回線により、講話を流すこともできる。

講師は、皇族も良いと思う。他にも例えば、総理大臣、閣僚、国会議員、日本国軍最高司令長官と副長官や参謀、日本国軍五軍の司令官と副長官と参謀、都道府県の知事、地方議員、全国の市区町村の長や議員等々。臣の位の全ての神々。

又は、各界の第一人者や時の人、オリンピック選手などもいいかもしれない。どういう人材がよいかは、後で知恵を絞ればいいわけだ。

これら多くの現役の臣達や元臣達などが、全国の国民の家を回り、直接講話を行う。そこで身近に国民と触れあう。あるいは専用チャンネルで直接伝える。勿論、善良な国民は全て無料となる。

日頃、ヤマト、ヤマト国民第一の、愛国ネット、愛国テレビ、ラジオ、新聞等に登場する皇室や、あらゆる臣達の講話が直接身近に無料で聞ける。これだけでも大変な人気になるだろう。そして国民にとって極めて有意義なものとなる。

一、提言、政策、法案の提出　選挙は必要ない

全ての国民は国民の家より、自分の市区町村、都道府県、国に対しての提言、政策、法案などを提出できる。助言も行う。各機関へ直接も可能。良い提言や政策は、審議され、立法化され、実行される。従って無駄な選挙は必要なし。

中央の貴真議会や地方議会は、シガラミのない政策中心の議論が戦わされる。必要なシガラミは国家、皇室、国民、国体、国防などである。従って、これらに合致すれば、国民の家からの良い政策は当然採用される。

一、伝統を教え伝える

人類が奇跡のヤマト列島と共に、何万年、何十万年に亘り育んできた、伝統行事を伝える中核となる。本来これらの行事は、各地の神社が中心に行ってきた。神社と連携して行う。大人、子供達が楽しみながら継承する。例えば鬼やらい、どんど焼き、ひな祭り等々。

神代から続く伝統行事は、楽しみでもあるが、実は多くの教えが込められているのである。これらは、子供の健やかな成長に大変役立つ。自然への畏敬。自然と人との関わり。自然との接し方。子供同士や地域の大人との連携等々。

例えばどんど焼きは、自然の中での、火の怖さやありがたさや扱いなどが自ずと学べる。火や灰で焼いた食べ物も大変おいしい。

我が国に、何千年来伝わる、極めて貴重な国民の良き伝統は、次の世代、又次の世代と伝えていくべきだ。現代が余りにも異常なのである。

世界唯一、人類唯一の我が国の何千年、何万年に亘る伝統文化は実に多彩だ。これらの伝統を受け継ぐ催しを、現在より桁違いに充実することになる。

強制的に参加するのではなく、楽しみに、進んで参加する環境づくりが大切だ。そのためにいろいろ工夫する。

費用は、基本的には市町村や国からになる。ただその祭りに集まる出店など、地域によっていろいろ知恵を絞る。正規の国民は勿論全て無料である。参加したい在日外国人などは有料になる。差別ではなく、しっかり区別する。条文は
「国は都道府県や市区町村と連携し、全国に日本国民の家を設置する。設置、運営方法は別途法律により定める。」

明治憲法の条項

明治憲法の条項のうち、第三一条と第三二条を取り入れる。国防の備えと共に、法令の備えも行う。いついかなる時に、敵国が攻めてきても瞬時に対抗する。

こういう国家としての備えが、敵国によるヤマトへの侵略をあきらめさせ、戦争を起こさせない力になる。条文は

「本章に掲げた条規は、戦時又は国家事変の場合において天皇大権の施行を妨げるものではない。」

「本章に掲げた条規で、大日本国軍の法令又は規律に抵触しない物に限って、軍人にもこの章に准じて行う。」

■ 第五章　国民　まとめ

(日本国民の要件)

第五十五条　日本国民であるための要件は法律の定めるところによる。

(文武官の任命と公務の就労)

第五十六条　日本国民は法律の定める資格に応じて等しく文武官に任命され、及びその他の公務に就くことが出来る。

(国体を侮辱するべからず)
第五十七条　日本国民及び在日外国人は国家、皇室、国民、国体を冒涜、侮辱してはならない。
2　共産党及び反日の組織は禁止する。
(勤労の権利と義務)
第五十八条　全て日本国民は、勤労の権利を有し、義務を負う。
2　賃金、就業時間、休息その他の勤労条件に関する基準は、法律で定める。
3　何人も、児童を酷使してはならない。
(納税の義務)
第五十九条　日本国民は、法律の定める所により、納税の義務を有する。
(兵役の義務)
第六十条　日本国民は、法律の定めに従って、兵役に就く義務を有する。
2　兵役の時期、期間などは別途法律で定める。
(国防軍の設置)
第六十一条　日本国民による国防軍を日本全国に組織する。詳細は別途法律で定める。
(基本的人権の享有)
第六十二条　日本国民は、国家、皇室、国民、国体を侵さない範囲内で、基本的人権を享有する。

（国民の責務）
第六十三条　日本国民は、自由及び権利を濫用してはならない。自由及び権利には責任及び義務が伴うことを自覚し、常に国家、皇室、国民、国体の秩序に反してはならない。
（思想及び良心の自由）
第六十四条　思想及び良心の自由は、保障する。
（表現の自由）
第六十五条　集会、結社及び言論、出版その他一切の表現の自由は、国家、皇室、国民、国体、国防を侮辱し破壊しようとしない限りに置いて、保障する。
2　前項の規定にかかわらず、国家、皇室、国民、国体、国防の秩序を害することを目的とした活動を行い、並びにそれを目的として結社をすることは、禁止する。
（居住、移転及び職業選択等の自由）
第六十六条　何人も、居住、移転及び職業選択の自由を有する。
（学問の自由）
第六十七条　学問の自由は、保障する。
（生存権等）
第六十八条　全て日本国民は、健康で文化的な最低限度の生活を営む権利を有する。
（教育に関する権利及び義務等）

第六十九条　全て日本国民は、法律の定めるところにより、その能力に応じて、等しく教育を受ける権利を有する。
2　全て日本国民は、法律の定めるところにより、その保護する子に普通教育を受けさせる義務を負う。義務教育は、無償とする。

（財産権）
第七十条　財産権は、国家国民の利益に反しない限りにおいて、保障する。
2　財産権の内容は、公益及び公の秩序に適合するように、法律で定める。
3　私有財産は、正当な補償の下に、公共のために用いることができる。
4　財産権が国家や多数の国民にとって必要な場合は、調停委員会を置いて、その調停に従うものとする。

（裁判を受ける権利）
第七十一条　何人も、裁判所において裁判を受ける権利を有する。

（逮捕に関する手続の保障）
第七十二条　何人も、現行犯として逮捕される場合を除いては、裁判官が発し、かつ、理由となっている犯罪を明示する令状によらなければ、逮捕されない。

（抑留及び拘禁に関する手続の保障）
第七十三条　何人も、正当な理由がなく、若しくは理由を直ちに告げられることなく、又は直ちに弁護人に依頼する権利を与えられることなく、抑留され、又は拘禁されない。
2　拘禁された者は、拘禁の理由を直ちに本人及びその弁護人の出席する公開の法廷で示すことを求める権利を有する。
（住居等の不可侵）
第七十四条　何人も、正当な理由に基づいて発せられ、かつ、捜索する場所及び押収する物を明示する令状によらなければ、住居その他の場所、書類及び所持品について、侵入、捜索又は押収を受けない。ただし、第七十二条の規定により逮捕される場合は、この限りでない。
2　前項本文の規定による捜索又は押収は、裁判官が発する各別の令状によって行う。
（拷問及び残虐な刑罰の禁止）
第七十五条　公務員による拷問及び残虐な刑罰は、禁止する。
（刑事被告人の権利）
第七十六条　全て刑事事件においては、被告人は、公平な裁判所の迅速な公開裁判を受ける権利を有する。
2　被告人は、全ての証人に対して審問する機会を十分に与えられる権利及び公費で自己のために強制的手続により証人を求める権利を有する。
3　被告人は、いかなる場合にも、資格を有する弁護人を依頼することができる。被告人が自らこれを依頼することができないときは、国でこれを付する。

（刑事事件における自白等）
第七十七条　何人も、自己に不利益な供述を強要されない。
２　拷問、脅迫その他の強制による自白又は不当に長く抑留され、若しくは拘禁された後の自白は、証拠とすることができない。
３　何人も、自己に不利益な唯一の証拠が本人の自白である場合には、有罪とされない。
（遡及処罰等の禁止）

第七十八条　何人も、実行の時に違法ではなかった行為又は既に無罪とされた行為については、刑事上の責任を問われない。同一の犯罪については、重ねて刑事上の責任を問われない。

（刑事補償を求める権利）

第七十九条　何人も、抑留され、又は拘禁された後、裁判の結果無罪となったときは、法律の定めるところにより、国にその補償を求めることができる。

（国民の政策）

第八十条　日本国民の政策や法案は全て議会に送ることができる。詳細は別途法律で定める。

（共産主義活動などの禁止）

第八十一条　共産主義者及び共産党並びにいかなる主義者及び団体でも、日本国、皇室、国民、国体などを破壊し、又は破壊しようとする活動を全て禁止する。

（信仰の自由）

第八十二条　日本国民の信仰の自由は、国教である神道の思想、行事などの行為を妨げない範囲内で保障する。

２　日本国民は神道を侮辱したり、神道の行事を妨害してはならない。

（国民へ住居の支給）

第八十三条　国は居住用の住宅を、整備でき次第、順次日本国民に支給する。支給の方法は別途法律で定める。

（国民の家を設置）

第八十四条　国は都道府県や市区町村と連携し、全国に日本国民の家を設置する。設置、運営方法は別途法律により定める。

（天皇大権の優先）

第八十五条　本章に掲げた条規は、戦時又は国家事変の場合において天皇大権の施行を妨げるものではない。

（軍人への準用）

第八十六条　本章に掲げた条規で、大日本国軍の法令又は規律に抵触しない物に限って、軍人にもこの章に准じて行う。

大日本国憲法　第六章　企業と国民

日の本の経済と産業の伝統

初代天神・国常立神の時代より、経済、産業を重んじるのは我が国の伝統である。しかし、明治憲法、『日本国憲法』には、経済、産業の章はない。

経済、産業は国家の大きな柱である。従って、『大日本国憲法』では、我が国の伝統に添うように、章を設ける。

本来なら、現代と同じく、法律だけで済むかもしれない。しかし、現代ヤマトの経済、産業が法律だけで、うまくいっているとは、とても思えない。そのため、本憲法ではこの章を、敢えて設けた。もし必要なければ、速やかに憲法改正すればよい。貴真体制はそれができる。

神代の経済の中心は御米《おこめ》であり、産業の中心は稲作、農業であった。皇室と貴真は農業を中心に国造りを進めた。

稲作は第三代天神・トヨクニヌシ神時代に、ウケモチの神より始まる。それ以前も、皇室を中心に、衣食住などの生産、研究は行われていた。以来稲作はヤマト国の食料や産業の中心になり、近代まで続いた。

既に、初代・常世神《とこよかみ》時代より、家屋造りが進んでいたので、建築に関わる匠は活躍していた。

更に、稲を中心とした農業が広がるにつれ、農機具の製作や、獲れたお米の運搬などの職種が増える。

そして、米が貨幣を兼ね、商人《あきど》も生まれている。武器や農機具に使用する金具造りも、神代には既に存在していた。既に神代にタタラ製鉄が存在していた。

これらも、皇室や貴真を中心に奨励された。皇室や貴真が全産業の中心であった。そして、健全な経済や産業が、国民生活を始め、政治、行政、軍事、文化などを支えていく。

これが、我が国経済、産業の伝統のあらましである。従って、天皇と貴真を中心に産業、経済を行うのは我が国の神代からの伝統なのである。この伝統を基本にして、現代に生かす。

皇室と貴真が産業界に深く関わり、指導し奨励する。しかし、世界では自由主義経済が基本であるので、この範囲内で行われる。

現在、経済は国際協調体制の元で行われている。貴真が産業界を支援、指導する。しかし、シナのようなデタラメな独裁国家経済の、行き過ぎて不当な産業保護政策では、世界の協力国とはうまくいかない。

現代ヤマトの事業所と従業者

総務省統計局によると、平成二八年六月の我が国の企業数は三八五万六四五七企業、事業所数は五五七万八九七五事業所で、従業者数は五六八七万三千人。ヤマト総人口の半分位の国民が働く。

約五七〇〇万人の国民が日々働き、年間の国民総所得（GNI）は実質で五五七・三兆円（平成二九年度）。その中から地方税、国税などを支払う。それが国家、地方経営の財源となる。

雇い主も従業員も全て国民である。そして、経済はあらゆる分野と繋がる。であれば、企業経営者と従業員からなる企業体を強く、効率よくすれば、企業や国民のためにも良いし、地方と日の本の地盤を固めることにもなる。

このようにヤマトの産業は、多くの富を産み、多くの国民が関わるヤマトの大きな柱である。従って、ヤマト国として全面的に支援、指導する。

企業基盤の整備と支援

世界の自由主義経済の範囲内で、ヤマト企業に対して、有利な基盤が整備される。素早く変幻自在で優れた貴真体制により、大変有利な企業基盤が整えられる。

平和と極めて安定した政治。強い通貨。優れた立地条件。賢い外交による安価で安定的なエネルギーの確保。安く良質な水や電気。競争力のある税制。低賃金で世界最高峰の人材の確保。迅速柔軟な産業政策等々。

貴真体制下における、日の本の産業は基本的には自由体制である。長い目で見れば、自由な方が、国内、国外共に競争力が付き、強靭になるだろう。

また、皇室を頂点とする貴真体制は、世界一平和で、極めて安定している。極めて安定した平和や政治は、企業経営の基本的な大きな基盤の一つである。企業活動の大前提であり、これが保証される。そして、貴真体制により、色々な指導が受けられる。

これらにより、ヤマトの全企業は、あらゆる分野に亘り、大きな競争力が得られ、大いに栄える。そして、数年内に五割増し、二〇～三〇年内に二～三倍以上、五〇年から一〇〇年以内には、桁違いの経済成長を実現できる。

当然、日の本の産業や経済規模は、世界一となる。国民は無理をせずとも、我が国にとって、当たり前のことを当たり前に行い、これを達成する。条文は

「日本国は、国際的な自由主義経済の範囲内において、全面的に日本国の産業を支援し指導する。2　日本国は競争力のある企業の基盤整備造りを推進する。」

無駄のない必要な法律のみを残す

産業政策を担当する各大臣は神の位である。天成《あめな》る道《みち》の範囲内で、悪しきシガラミのない政府により、自由な企業競争が奨励され、行われる。

そのためにも、産業や経済などに関わる全ての法律を見直す。自由で公平な企業競争の基盤を整備する。必要な法律のみを残し、無駄な法律は全廃する。悪しきシガラミのないガラス張りの経済、産業、金融政策が企業競争や活動に大いに寄与する。

現代企業は、『日本国憲法』の元、数多くの法律を課せられ、その中で業務を行っている。

夥しい法律がある。果たしてそれらが本当に必要で妥当な法律なのか。悪しき利権やシガラミに関わる法律も数多くあるようだ。これが自由で公平な企業競争を妨げる。国力を落とす。まずこれらから全てを見直す。一から見直す。良い法律は存続し、改正すべきは改正する。是々非々で、貴真の専門部会で全て検討する。

業界は身軽になり、大変動きやすくなるだろう。生産性の向上や国際競争力をもたらす。そして、国民と国の豊かさをもたらす。条文は

「貴真及び地方議会は既存の産業に関わる全ての法律の見直しを行う。」

敢えて憲法の条文に入れる。現代は、憲法には何の条文がなく法律だけであるが、それがうまく機能していないため。必要がなくなれば、素早く憲法を変えられる。

政府系独立法人や団体などの制度を全て見直す　行政改革の断行

いわゆる行政改革を断行する。前項が法律面の改革であり、こちらが行政面の改革になる。いづれにせよ、あらゆる手を尽くし、ヤマト本来の伝統の姿に戻す。その中で最大の分野は特別会計と一般会計の一本化であるが、これは「財政」で述べる。ここでは主に企業、産業分野について。

経済、産業分野の規模は巨大である。そこに官民との悪しき利権、シガラミが存在する。その被害は国民であり国家である。それを全て断つ。厳密に審査して、必要な部署は存続、補強

し、それ以外は全て断つ。

全ての怪しい政府系独立法人や団体など、全ての見直しを行う。その余った税金や予算を国内投資に廻す、あるいは減税に廻す。『大日本国憲法』や貴真体制による、新設部署、設備などにも廻せる。

貴真体制の基本は公平な自由競争である。自由競争は全て良いわけではないが、利点も多い。そのためにも行政改革は必要となる。この自由競争の元、各企業は力を発揮する。貴真でなくては行えない部分は貴真が補う。

官僚、公務員の就職先確保や、名ばかりの政策などは全て見直し、伝統の姿に戻す。これを日の本中のあらゆる分野、組織で行う。これは天皇の統治下の元で、神々である臣達が居るからこそ行える改革である。

不合理な部門を取っ払い、人員を整理する。同時に貴真体制では、多くの新設機関、設備などができるので、そちらで調整する。調整するといっても、合理的な配置であるのは当然である。無駄を増やすということではない。

例えば、中小企業の基盤の整備など。これは現在、独立行政法人の中小企業基盤整備機構などが行い、助言や研修、融資などが受けられるようだ。しかし、中小企業基盤整備機構の常勤職員はたったの七四八人（二〇一九年）。そして、理事長、副理事など、役員が一三人もいる。明らかに怪しい。

全国何百万社の中小企業の助言や研修、融資などを、たった七四八人で賄えるとは、とても思えない。

そして職員の人数にしては役員の数が多いといわれている。報酬も良いようだ。これは、中小企業基盤整備は名ばかりで、経済産業省幹部などの再就職団体であろう。この機構と民間の取引業者も多いだろう。それらも全て審査し整理する。

規模を大きくすると予算に占める割合が多くなり、目立ってしまう。何もしないと追究される。絶妙な立ち位置を造り、うまい汁を吸う。しかし、中小企業や国民の税金、利益などは吹き飛ぶ。本来、やるべき事が行われていない。従って、国力の減少に繋がる。

本格的に何百万社の中小企業の助言や研修、融資を行うには、事務所、職員の数は桁違いに増やす必要があろう。費用は当然かかる。しかし、これによってこの何倍、何十倍の生産性、企業の成長があれば、税収も増え、更に従業員も増える。国民にも国にとっても良いことだ。

このように、政府系法人は全て調査し、審査する。これにより現代政府の無駄遣いを大幅に節約する。国家国民に反する癒着は全て断つ。そして必要な部分には、大胆に税金と人員を投入する。

今までは決して出来なかった。しかし、現実に、行政改革を断行することにより、効率的になり、無駄が省かれ、本来の姿に戻る。簡単そうだが、伝統の臣達でなければ絶対できない。臣達に悪しきシガラミ、利権がないためだ。税金は節約され、何倍も効果を発揮する。

このように、ヤマト全体の産業行政や企業基盤を桁違い、格段に整備、強化する。そして、国家予算の大幅な節約と、適所投入により、ヤマト全体の国力を格段に向上させる。条文は**「貴真及び地方議会はあらゆる既存の政府系独立法人及び団体などの制度及び業務を全て見直す。」**

これも憲法に入れず、法律でよいかもしれないが、敢えて憲法に入れる。現代の法律では、改善が全く出来ていないではないか。速やかに改革し、癒着を全て断つ。目標を達成し、必要なくなれば、天皇陛下に奏上し、すぐにでも憲法から削除して頂くことができる。

貴真と企業との連絡協議会の設置

この項の冒頭で述べたように、貴真はヤマト全ての産業と関わってきた。その伝統を、現代に生かし、理想的な体制を整える。

現代ヤマトの産業は、主に各種団体を設け活動している。例えば日本経済団体連合会(経団連)、経済同友会、日本商工会議所(日商)、商工会、中小企業等協同組合、商工組合、日本IT団体連盟等々。

各企業、各団体は、政府に対して色々な要望はあろう。現代と未来のヤマト経済、世界経済は刻々変わる。つまり事情、要望も刻々と変わる。また外から見ている貴真の側から、こうしたほうが良い、こうすべきだ、ということもあろう。

貴真と、これらの組織との直接の連絡会、協議会を設け、これらの問題に素速く対処する。だからといって、これらの団体との無用のシガラミは一切生まれない。必要なのは、自然と調和し、国家、皇室、国民、国体に添うかどうかのみである。

助言だけでなく、貴真独自の予算も、豊富な予算から付け、現実に実現していく。国営の専門の研究機関や専門工場なども、必要ならば設ける。

現代でも、政界と財界のパイプはあるようだが、貴真体制は質と量が桁違いに違う。従って、その効果も桁違いのものとなる。そして、桁違いの国民総所得（GNI）が生まれ、従業員に還元される。地方も国も潤う。

協議会により、良きヤマト全産業の考え、意見、政策が採用され、現実に実現していく。従って選挙の必要はない。産業界も、現代のような、企業献金や政界との悪しきシガラミから、一切解放され、身軽になり、企業経営に専念できる。企業献金は全く必要なし。地場である全国都道府県との調整も必要であろうから、そことの協議会も設ける。

豊富な予算と素早い対応で、他国の追随を許さない。現代政権のように、名ばかりの政策ではなく、壮大な企業政策が着々と実現していく。

神である臣達が直接指揮を摂る。これにより、現代よりも桁違いの効果を産み、年数を重なれば全産業と経済が乗数的に発展する。条文は

「貴真及び地方議会と各企業団体との連絡協議会を設ける。詳細は別途法律で定める。」

世界最高級の人材の確保

企業は人であるとよく言われる。それは真実だろう。企業がいかに優秀な人材を確保できるか。これは企業努力だけで、出来ることでもない。

地域や国の協力が必要になる。現代は、企業の人材の確保が問題になっている。それを桁違いにに改善し、解決する。これは地域や国にとっても良いことだ。

迅速な貴真政府により、極めて優秀な人材の供給を実現する。専門の貴真議員と、各々の企業や企業団体との、連絡協議会などにより、企業にはいかなる人材が必要なのか、的確に把握し、必要な人材を供給する。短期、中期、長期にわたった優秀な人材を供給し続ける。

貴真は、国益などに反しない限り、ガラス張りであり、政策に反する省間の権力争い、利権等はない。目標が決まれば、各省や官僚が一体となり政策を進める。企業団体とも連携する。また、ヤマトや世界情勢などの突発的なあらゆる変化にも、素早く対応できる。そういう余力、柔軟性は常に確保しておく。

教育は文部省が担当する。文部省も天成る道に則った大改革が行われる。教育の現場や教育組織に、共産主義者や反日者がいることは余りに異常である。これらを全て追い出す。断ち切って正常に戻す。

そして、教育体制を現代企業に即応できる人材造りと、神代の伝統である、四〇年～五〇年の長期に渡る指導者造りの二本立てで行う。

これにより、世界情勢や未来までも視野に入れた、企業の要望に即応できる人材を供給し続けることができる。元々日の本の国民の質は世界最高級である。

また従業員の給料は、その能力に比較して、大変低く抑えられる。住宅費は無料になるのを始め、理想的な貴真体制により、豊かではあるが生活費が低く抑えられるためである。

従業員は、国からの住宅の支給や、安く優れた生活基盤により、生活費が大変安く済む。従って、世界的に見て安い給料といえども、質が高く豊かな生活を営むことができる。またそういう政策を実現できる。

このように、企業には廉価であるが最高級の人材が供給されることになる。これが抜群に強い国際競争力の一つになる。

企業が潤えば社員も安定し潤う。国内、何百万という企業が潤い、何千万人の従業員が安定すれば、ヤマトの国力は安定し繁栄する。重要なので条文に入れる。条文は
「日本国は、企業に最高級の人材を送れるように、万全の備えを行う。詳しくは別途法律で定める。」

労働環境を改善し生産性を上げる　　従業員保護を実現する

いくら世界最高峰の人材でも、労働環境が悪かったら、持てる力を十分に発揮できない。労

働環境は極めて大切だ。そして、労働環境を良くすることは国民を大切にすることでもある。これは、我が国の伝統に叶うことであり、必ず実現しなければならない。

労働環境を徹底的に整える。これは企業にとっても必要かつ歓迎すべき事なのである。生産性が上がり、企業に利潤をもたらす。

平和で極めて安定した貴真による、優れた金融政策、財政政策や、今まで述べた国内の産業対策は、日の本の産業、経済に大いに貢献する。そして、産業、経済にはもう一つ大切な柱が存在する。それは従業員の労働問題である。

既に述べたが、総務省統計局によると、平成二八年六月の我が国の企業数は約三八六万企業、事業所数は約五五八万事業所、従業者数は約五、六八七万人。ヤマト総人口の半分位の国民が該当する。

古来より働くことは国民の義務である。しかし、今日この労働環境があまり良く管理されていない。というか、敢えて管理していないようだ。

国民が長時間労働を強いられている。パワハラ、セクハラも極めて多い。経営者の管理能力もある。従業員の精神と体の健康が損なわれている。そのためにかえって、生産性が上がっていない。

労使関係は企業側が断然強い。そのために従業員は労働基準法により、労働基準監督署に守られている。一応、形式上は整っているかに思われる。しかし、問題なのはその中身なのである。

平成二八年度の労働基準監督署の労働基準監督官数はたったの三、二四一名である。企業数約三八六万企業、従業者数約五、六八七万人に対して、余りに少なすぎるのだ。

これは明らかに、従業員の労働環境を守るというのは偽りであり、名ばかりの人数であることが解る。これでは、敢えて勤労者の不利な状況を造り、長時間労働を行わせようとしている、と言われてもやむを得ないだろう。企業の利益を上げさせようとする政策をとっている。

労働環境が守られていない。長時間の労働を従業員に強いることにより、精神と肉体の健康が守られていない。従業員の精神と体の健康を損なっている。また、企業に有利な体勢を構築し、果たしてそれで生産性が上がるか、という問題もある。

労働条件に目を光らせる。そして、短い時間でも生産を上げ、従業員の心と体の健康を守らなければならない。生産性が上がれば、企業も潤う。国も豊かになる。労働は国民の義務であるが、同時に国民を大切にするというのは我が国の伝統なのである。従業員の心と体の健康を守る。

労働基準監督官数は三、二四一名。企業数約三八六万÷監督官三、二四一名＝約一、七二一。監督官一人あたり約一、七二一企業。また従業者五六八七万三千人÷三、二四一名＝約一万七、五四八人。

監督官一人あたり、約一、七二一企業、約一万八千人を受け持っている。これでは目が届くはずがない。それがよく解るだろう。

　この一〇倍でも、一七〇企業、従業者一、八〇〇人。これでも足りない。監督官の人数を一〇〇倍に増やす。監督官三二万四、一〇〇人。すると監督官一人あたり、約一七企業で、従業員は約一八〇人を担当することになる。これが、完璧に目が届く、現実的な数字であろう。

　監督官の人数が今より三二万人増える。いろいろあろうが、監督官の年収を四〇〇万円とすると。三二万人×四〇〇万円＝一兆二、八〇〇億円。

　約五、七〇〇万人の国民が関わり、年間約五六〇兆円の国民総所得を産み、約六〇兆円の税収の多くを占める。

　この政策により、国民総所得と税収が各々一割増えたとすると、それぞれ五六兆円、六兆円増える。つまり、監督官の人数を一〇〇倍に増やしても、元が取れて余りある。出先機関の事務所経費、初期投資などの元をとっても余りある。

　そして何より、五、七〇〇〇万人従業員の労働環境が守れる。心と体の健康が守れる。これが一番大きい。そして、これが当たり前のことなのだ。当たり前のことを実行するのみ。

　この改革が、ヤマト国全体の活力の源になる。労働以外の時間が増え、心身とも健康な何千万という国民はあらゆる分野に、更に活動する。するとまた、経済が活性化し、国民総所得や税収が上がる。何より、国民が豊かになる。

　この負担は、貴真体制による、豊かで余裕のある国家予算により、十分対応できる。余れば

他の分野に充当できる。条文は

「日本国の全従業員一〇〇人から二〇〇人に対し一名以上の労働基準監督官を配置する。」

大切な国民である従業員の労働環境を守るために、憲法に入れる。法律だけで守れれば必要ないが、現在できていないではないか。必要なければ速やかに憲法の改定を天皇陛下に奏上する。

近代的な指導者の資格取得の義務

ある事業所に入れば、経験者以外、先輩、責任者から指導を受ける。仕事を教わる。人に物事を教えるのには、技術が必要だ。うまく教えられれば、新人は事業所の良き戦力になる。新入従業員も気持ちよく仕事が出来る。

労働基準監督官の人員を増やす。それと共に、企業の代表や、その企業の現場責任者の指導者としての力量を充実させる。

事業所において、近代的な指導法が必要であるという意識が欠けている。指導法も進歩しているのだ。従業員より企業側のほうが立場が当然強い。そのために、現代問題になっているセクハラ、パワハラが起きる。大切な国民であり従業員をこれから守る。

必ず入社すれば、誰かが業務を教える。その指導が問題だ。現代はその事業所に、全面的に任せている状態。指導者としての技量や知識が欠けている。偏っている。

そこで、企業の代表者と各現場の長や係りの責任者には、最先端のコーチングの技術と資格を取らせる。これらは全て無料で行うので企業の負担にはならない。却って、良く指導できれば、その従業員は貴重な戦力となる。企業は人だ。企業の収益も上がる。

そして、一年に一日は指導者としての講習を行い、指導者の力量を向上させ、資格を更新させる。指導者の更新や指導所には日の本の優秀なコーチング技術をもった指導官があたる。又必要があれば、いつでも指導を受けられる。出張もする。勿論、全て無料。

これを行わなければ、企業の業務を行えない。正しい社員教育ができないのだから当然だ。現代の運転免許制度のようなものである。

これによって、立場の弱い新入社員や女性、従業員を守る。企業としても、無料で、合理的かつ円滑に指導が行える。これらの監督も、労働基準監督官の管轄となる。条文は
「企業の代表者及び企業の各部署の責任者は従業員指導者の資格がなくてはならない。２　従業員指導者の資格は毎年更新しなければならない。」

従業員の心と体の管理の徹底

従業員を企業の外からも内からも守る。更に、従業員自身の体と心の健康も常日頃守る。国民を大切にする伝統を徹底する。

国民を守る、国民の心と体を守るのは我が国の伝統である。これを実現する。正規、非正規の全ての従業員約五六〇〇万人の一人一人の心と体を管理し守る。国民には労働する義務はあ

る。しかし、やりすぎは却ってマイナスになる。これを防ぎ守る。

会社としても、心身とも健康な従業員が、毎日活力に満ちて仕事をしてくれたほうが、成績が上がる。全国事業所の売り上げが増えれば税収も上がる。

このため労働者心身健康管理局を設け、ヤマト全国の企業を監督し、ヤマト全国の従業員の心身の健康を管理する。事業所の経営者も国民であり、労働者なので、ここで管理する。

業務が労働基準監督署と被るので、兼務したり、同じ事務所を使用すれば、費用の節約になる。いずれにせよ勤労者の心と体の健康は毎日守る必要がある。

毎日、勤労者の体重、血圧、血糖などを測定し、心身健康管理局に情報を送り、従業員の健康を管理する。いつでも、何時でも出向くのも当然だ。

勤務時間などを点検、管理する。一人一人の勤務時間を管理する。ただ制限するだけでなく、例えば時間外が必要な従業員もいるだろう。一事業所、一従業員の都合も加味して監督する。

事業所に繁く足を運び、面談し、心の健康にも目を配る。そのための予算、組織、人材、施設は貴真体制によって実現できる。

問題があれば、労働基準監督官と共に、労使双方に改善策を提案する。労働相談にものる。

勿論無料なので、企業の負担は全くない。この部局は国民、従業員の命に最も身近な部局の一つになる。条文は
「全国に従業員心身健康管理局及び事務所を設け、全事業所における従業員の心身の健康を管

理する。詳しくは別途法律で定める。」

事業所の代表者、責任者の、従業員に対する心身健康管理の義務

全国には何百万の事業所がある。会社は事務的な手続きを行えば設立できる。一人で運営するのであれば、自分を管理すればよいが、これは希だろう。ほとんどが人を雇い責任者として業務を行う。この代表者、管理者の従業員への心身の健康管理の意識があまりに薄いのが現代ヤマトの実状だ。従業員を、機械の部品と考え、使い捨てする者もいる。

この問題も、よくマスコミの記事に取り挙げられる。しかし、それは氷山の一角だ。事業所の数も膨大だ。弱い立場の従業員は言わないことも多いだろう。

そのために、運転免許のように、人を雇う者には、心身の管理者としての講習を受けさせるのがよいと考える。そして、仕事を新人に教え、従業員の心身の健康管理に気を遣う。そのために管理者の資格を設け、資格を取らせる。あるいは管理資格者を必ず置くのを義務づける。

日の本の全企業には、貴真により、基盤整備、税金の軽減、人件費の抑制等々、世界で戦える恵まれた企業基盤が整備される。自由競争の範囲内で、貴真より多くの支援を受ける。

そして、企業経営者は、企業も守るが、従業員の心身をを守るのを義務づける。それを企業設立やその後も義務づける。手続き費用は勿論無料となる。企業の負担は全くない。

従業員心身健康管理局により、勤労者の心身の健康が管理される。責任者も労働者なので、管理局は会社や事業所の責任者の相談にも無料でのる。

これらを敢えて憲法に入れる。それは、国民を大切にするのは、神代の伝統に則るためである。そして、その重大さを企業経営者や各部署の責任者に理解させるためでもある。現代が余りにも野放しで、異常なのだ。条文は

「企業の設立時に、企業の代表者と各部署の責任者は従業員心身健康管理局の講習を受ける義務を負う。2　企業は一事業所に一名以上の従業員心身健康管理者を置く義務を負う。3　企業の代表者と各部署の責任者は、二年に一度、従業員心身健康管理局の講習を受ける義務を負う。」

労使の調停委員会の設置

貴真体制においては労働組合がない。労使の調整は、企業と従業員問題に精通した、専門の調停委員会が調停する。

貴真体制では、ヤマト国、皇室、国民、国体を破壊する共産党や反日者の活動を、一切禁止する。従って、その温床となる労働組合などはない。共産党の温床を全て断ち切る。

そもそも労働組合は労働者が、搾取され虐げられるのを防ぐために必要なものである。貴真体制下の企業にはそれをさせない。もしあったら、いろいろな部署により、指導し改善させる。また罰則を設け、あまり酷い企業は倒産させる。

そして、事業所代表者や責任者に、別途法律を設け、其れ相応の罪を与える。投獄し前科を付け、罪によっては処刑されることもあるかもしれない。そのため労働組合の必要がない。

労働組合が強くなると企業を潰してしまう。または企業の成長を妨げる。それは従業員にも返ってくる。ヤマトの国力も落ちる。労働組合をなくすことによって、ヤマト国、皇室、国民、国体を破壊する共産主義者と反日勢力の温床を断つ。

労使の調停には、熟練した専門の調停委員会を設け調停し、その調停には労使双方とも従う。

条文は

「企業と従業員の間に調停委員会を設置する。2　企業と従業員は調停委員会の調停には従わなければならない。3　労働組合は禁止する。」

企業、従業員に関わる法律や憲法の改正

述べてきたように、ヤマト国民の大半が企業活動に関わり、ヤマト全体の富を産む。ヤマト経済の大きな柱である。そして産業、経済は、あらゆる分野に関わるために、大変重要なのである。そのため、章を設けていくつかの条文を挙げてきた。

更に良い政策があれば、貴真で審議、決定し、天皇陛下に上奏して、法律を改正したり、憲法を改正して頂けばよいわけだ。必要なければ削除して頂く。

速やかに法律が制定され、または必要なら憲法も速やかに改正される。全てまとまり準備が

出来れば、一日で改正できる。

貴真体制は、七〇年経っても、デタラメ憲法を一字も改正できない現政府や自由主義体制とは、次元が全く違うのである。

■第六章　企業と国民　まとめ

（産業の支援と基盤整備の推進）
第八十七条　日本国は、国際的な自由主義経済の範囲内において、全面的に日本国の産業を支援し指導する。
2　日本国は競争力のある企業の基盤整備造りを推進する。
（産業法制の見直し）

第八十八条　貴真及び地方議会は既存の産業に関わる全ての法律の見直しを行う。

（政府系独立法人や団体の見直し）

第八十九条　貴真及び地方議会はあらゆる既存の政府系独立法人及び団体などの制度及び業務を全て見直す。

（連絡協議会の設置）

第九十条　貴真及び地方議会と各企業団体との連絡協議会を設ける。詳細は別途法律で定める。

（人材の確保）

第九十一条　日本国は、企業に最高級の人材を送れるように、万全の備えを行う。詳しくは別途法律で定める

（労働基準監督官の大幅な増員）

第九十二条　日本国の全従業員一〇〇人から二〇〇人に対し一名以上の労働基準監督官を配置する。

（従業員指導者の資格）

第九十三条　企業の代表者及び企業の各部署の責任者は従業員指導者の資格がなくてはならない。

2　従業員指導者の資格は毎年更新しなければならない。

（心身健康管理局の設置）

第九十四条　全国に従業員心身健康管理局及び事務所を設け、全事業所における従業員の心身の健康を管理する。詳しくは別途法律で定める。

（心身健康管理局の講習）

第九十五条　企業の設立時に、企業の代表者と各部署の責任者は従業員心身健康管理局の講習を受ける義務を負う。

2　企業は一事業所に一名以上の従業員心身健康管理者を置く義務を負う。

3　企業の代表者と各部署の責任者は、二年に一度、従業員心身健康管理局の講習を受ける義

務を負う。

（調停委員会の設置）

第九十六条　企業と従業員の間に調停委員会を設置する。

2　企業と従業員は調停委員会の調停には従わなければならない。

3　労働組合は禁止する。

大日本国憲法　第七章　財政

「天に受け、天に帰るぞ」を実践する。

「天に受け、天に帰るぞ」を実践する。万物全てはモトアケより生まれ、モトアケに帰る。あらゆる文化も皇室より生まれ皇室に帰る。そして、日の本は天神が治めるのであるから、天皇が財政を治める、統治するのは、当然のことだ。

皇室が中心となり、国造りが行われ、その一部が初穂として、皇室に上げられ、また国民に還される。これが我が国の伝統である。これを現代にいかに実現するか。

古代では皇室が国家財政を司っていた。時代が進み、規模が大きくなるに従って、大物主や物部達と共に司るようになる。

貴真体制によって、財政は根本的に見直される。あらゆる部署、分野に亘り、税金の無駄遣いは省かれる。また、行政の無駄も省かれる。これだけでも現代の国家予算の三割から五割以上は優に省かれるだろう。そして、必要な部署に、しっかり資金を投入する。

これにより、必要な部門には、予算が三～五割増えることになる。または、減税しても良い。そして、特別会計を一般会計に一本化する。本当の国家予算を貴真議会で審議し、有効に使用できるようになる。特別会計は不正会計の温床と言われる。全てにメスを入れ、正常な状態に戻す。

これによっても、必要な部門へは、現代より二倍から三倍位、予算を増やすことが出来るようになる。また、現代の国民全ての税金をなくす事も可能だろう。国民は、それを貯蓄や消費に廻すことができる。

更に軽量、迅速で、極めて優れた貴真体制による最高の経済政策により、日の本は年ごとに経済成長を続ける。これによる経済、財政効果も莫大な規模になる。税収も莫大な金額になる。

平和で不動の皇室と、勤勉で優秀な国民。そして極めて優れた貴真により、規律のとれた非常に潤沢な国家財政が実現する。

そのため、日の本は乗数的に成長を続け、いずれは世界で飛び抜けた経済大国になる。それ程大きな島国ではないが、世界一の経済大国になる。これを国民が無理をせずとも、普通に実現できる。世界では奇跡だろうが、我が国にとっては当たり前のことだ。

毎年潤沢な予算を、必要な部門に着実に投入できる。まず、日の本をしっかり建て直し盤石にする。その後は世界経済、世界平和に貢献する。条文は
「天皇は日本国の財政を統治する。2　天皇は財政に関わる国会の議決を承認し、行使する。又は、天皇は財政に関わる詔を発し、行使する。」

「大日本国は万世一系の天皇が統治する」のであるから、天皇が国家財政の全てを統治するのは当然だ。

明治憲法や現憲法が、このような条文がないので、国家予算や地方予算が、悪徳政治家や悪徳官僚に乗っ取られている。これを完璧に断つ。

そのためにも、巨額な国家財政に群がる、執拗な弊害を避けるために、敢えて「天皇が日本国の財政を統治する」を入れた。これが我が国の伝統だ。そして、現在の財政規模は大きいので、天皇の直接制と間接制の併用となる。

天皇は日本国銀行券を発行し、日本銀行の総裁などを任命する。

初代天皇・国常立神より、皇室は我が国経済の中心である。神代以来、米が国民の主食であり、国家財政の中心に据えられた。天皇が率先して国造りを行い、日の本中に稲作を普及させ、ヤマト経済の基盤を創り上げてきた。米が貨幣の役割を果たしていたと思われる。皇室が貨幣を産みだすということと同じである。

第二十四代ヲシロワケ天君（景行天皇）の時代、ヤマトタケ君《きみ》はハナフリ（銀貨）を臣に与えている。これは朝廷が発行した銀貨で、通貨とも考えられる。このように、我が国の歴史が始まって以来、皇室が我が国経済、金融の中心であるのは明らかだ。

従って、天皇が通貨を発行するのは当然のことである。またそうすべきだろう。これが最もふさわしい。我々国民にとっても、通貨、紙幣に誇りを持てる。ありがたい。

そして、天皇が、諸機関の意見を聞き、ヤマトに必要な通貨の供給量を決める。又は日銀が通貨の供給量を決め、天皇が承諾を与える。直接制と間接制の併用となる。

ヤマト経済の源である銀行券を発行するヤマト銀行は、日の本の重要な部署である。従って、ヤマト銀行の総裁、副総裁、審議委員などは臣の位にあたるので、天皇が任免する。又は、天皇統治の間接性も取り入れ、総裁が審議委員を推薦し、天皇が任命することもできる。

臣はもともと全て天皇が任命するが、日本銀行は重要な部署なので、敢えてここでも、憲法に明記するのが良いと考える。

紙幣、硬貨の表の絵柄は、歴代天皇や皇族の肖像がふさわしい。裏の絵柄は皇室に因むものなどが良いと思う。これは我が国の伝統に合う。条文は

「天皇は日本銀行券を発行する。又は、日本銀行が日本銀行券の発行量を決め、天皇が承認を与える。」

「天皇は日本銀行の総裁、副総裁、審議委員を任免する。又は総裁が審議委員を推薦し、天皇が任命する。」

国家財政を伝統の姿に戻す

皇室が国家財政を司どる。時代が進み、貴真や大物主、物部達と共に司るようになる。『大日本国憲法』においては、主に天皇が任命した神の臣達に任せる。ただし直接制も残す。

訳の分からない国の特別会計などは、一般会計と共に、貴真に置いて一般会計と同じように、

ガラス張りにし、一円の無駄もないように、審議される。

これが当然のことで、現代が余りに異常なのだ。これによって、約一〇〇兆円ぐらいの無駄が省けるだろう。行政改革も同時に執行する。

政治のあらゆる政策には、資金の裏付けが必要となる。日の本の財政は巨額である。異常なことに、その莫大な資金に群がり、政党や議員、官僚、財界、マスコミなどが、ぶんどり合戦を行っている状態である。

元が膨大な資金であるために、ありとあらゆる画策が行われ、そのための人知を尽くす。僅かでもごまかせれば、巨大な金と利権が得られる。自分達の利益、利権のために、あらゆる策略を尽くす。政治家と官僚と民間企業の癒着と、これをごまかすマスコミにより、悪しき巨大利権連合の仕組みができてしまっている。

この化け物のような、異常状態が我が国の伝統だ、と思っている人もいるようだが、これは誤りで、全く違う。この悪習を全て断ち切る。

伝統のあるべき姿に戻す。そうすれば、真の国家財政政策が行われ、国家と国民に大いに貢献する。これにより、豊かな財政が実現し、国民が豊かになり、日の本が大いに栄える。

一般会計と特別会計

先ず問題なのが、ヤマト国の一般会計と特別会計の問題である。平成三一年度予算の一般会計の総額は一〇一兆円。

日の本の国家予算には、一般会計の他に特別会計が存在し、その実質は一般会計の二倍のようだ。約二〇〇兆円。計算が複雑で、誰も実体が正確に解らないとされている。明らかに怪しい。国の予算の実質は、合わせて約三〇〇兆円位になると思われる。

敢えて解らなくしている。政府も言わないし、マスコミも一切詳しく報道しない。そして、このよく解らない特別会計から、何千もの利権が絡まり、国民の金を吸い取っているようだ。

これらの原資は全て国民の税金であり、皇室に属する。全て有効に使用されれば、今の国民の税金を半分、あるいは全額なくてもいいかもしれないのだ。

そもそも特別会計予算も天皇家のもの

つまり、国の税金が原資で、その運用によって得る資金であるから、特別会計自体とその余剰資金の全ては国のものである。つまり元々、特別会計は全て天皇家のものといえる。こう考えると解りやすい。天皇家のものは、国民に有効に返すべきものである。

これが我が国の伝統なのである。当たり前のことが、当たり前に全く出来ていない。その基本が全くなっていない。

やはり、何百兆という莫大な札束の山を目の前にすると、思考回路が止まってしまうようだ。一般会計も同じく、特別会計も全て皇室のものである。皇室のものは国民のものなのである。

皇室でなければ理想のマツリは行えない。財政はマツリの主要な部分を占める。皇室でなければ理想の財政は行えないのである。天皇と位は違うが、天皇と心を一つにした臣でなければ、財政は決して管理運用できない。

特別会計も一般会計と同じく、天皇家が国家国民のために使用するべきものである。天皇家と国民のものを、巨大利権連合が、勝手に運用し分け合っている構図になっている。その金額が、単純に年間２００兆円という巨額になる。

税の大幅減税と国内投資　潤沢な国家予算

三一年度予算の、国民の税収は６２兆円であるから、国民は全て税金を払わなくてもやっていけることになる。何割、または半分なくしても、国民の負担は相当軽くなる。これだけでも大変大きい。まだ何十兆もあまる。勿論、消費税などは全く必要ない。特別会計を明らかにし、更に充実し、有効に活用すれば、国民の税金は格安にできる。又は公共投資に廻せる。

この『大日本国憲法』で述べている全ての政策に対して、特別に財源を設けたり課税せずとも、余裕で実行でき、更に多くの余剰予算が残る。

又は、減税をしつつ、残る余剰資金を、国内投資に廻すことが出来る。強い国際競争力により、現代より格段に、ヤマト国内であらゆる産業が、安定しつつ活発に生産活動を行う。豊かで、余裕の財政政策が行える。

先に述べた国民への住宅支給などは、全国に亘り大規模になるので、大きな国内投資先になるだろう。ヤマトは石油などのエネルギーが弱点といわれているが、広い領海の深海に膨大な資源があることが解ってきた。これらの開発も有望な投資先になる。

効率的な貴真による、国民の極めて安い税負担と、余剰資金による大規模の国内投資により、ヤマト産業、経済は自然と調和しつつ、抜群に栄え、発展し続けていく。

地方公共団体の予算と特別会計　伝統の思想

初代天神・国常立神より、天神と皇族と共に造り上げてきたのが、現代ヤマトの都道府県の源である。従って、現代ヤマトの地方公共団体の予算も全て天皇家のものである。こう考えると地方公共団体の予算が解りやすい。

この思想が、我が国の本来の伝統なのである。現代は、国と対立する自治を重視しようとしているようだが、全く違う。それから見ると画期的な思想であろう。国家理念は重要だ。

国家予算とは別に地方公共団体の予算が存在する。総務省による、平成三一年版の地方財政白書（平成二九年度決算）によると、普通会計の純計決算額は、歳入一〇一兆三二三三億円。約一〇〇兆円。

地方公共団体の会計にも、一般会計と特別会計がある。普通会計は一般会計と特別会計の一部だそうだ。地方公共団体の会計も大変解りにくくなっている。

マスコミなどでは一切取り挙げない。これらについても、予算内容はあまりよく審議されてないようだ。一般会計と特別会計と合わせると、二〇〇兆円位になっていると思われる。

従って、国と地方を含めた、日本国全体の一年間の国家総予算は、国の純予算三〇〇兆円を合わせると、年間五〇〇兆円という巨額にのぼるようだ。

五〇〇兆円の巨額の予算　詳しい審議内容などを全て公開する

特別会計の正確な使い道、金額は誰も解らない。しかし、これらの原資は全て国民の税金である。皇室と国民のもの。代表して皇室、天皇のもの。

従って、天成る道による神代憲法と貴真体制により、一円から全て明らかにし、削れるところは削り、投入すべき部門には思い切って予算を投入する。

今より遥かに効率よく予算を行使する。そして、国益にならない箇所以外、これらに関わる情報を全て公開する。

既に「臣」の章で「臣の言動は全て公開される」。従って、財政に関わる臣達の言動も、国益に差し障る箇所以外、全て公開し、専用チャンネルで流し続ける。現代はこれができるようになった。

そして、予算の審議、決定や各会計の内容、実行など全てを、専用チャンネルや専用図書などにより、無料でいつでも国民に公開し続ける。当たり前のことをする。これによって、国と地方の隅々まで、特別会計の闇を完全に断ち切る。

これらによる予算の効率化などにより、年間五〇〇兆円の予算に、更に実質六〇〇兆円、七〇〇兆円の経済効果を持たせることができる。単なる事務的な予算ではなく、生きた予算になるためである。

これに加え、貴真体制による、政策第一の議会による優れた財政、経済政策などにより、経済規模は更に大きくなる。そして格段に税収は増え、予算が増える。国民の負担となる税金は極力抑えられる。

それらは無駄なく、また国民に返される。国民生活はますます豊かになり、国体は更に強化される。条文は

「国の特別会計は、一般会計と同じく、国会において詳しく審議される。」

莫大な初穂（国税）を国民に戻す大蔵省の人事　直接統治と間接統治

本来、天皇家には、全国から莫大な初穂が捧げられる。マツリを摂る皇室に必要な経費を差し引き、仕分けして、ほとんどの税金を、国家や地方の予算として国民に返す。

ただ、『大日本国憲法』では、膨大な金額や広範囲な作業のために、主に間接統治を採用する。ただし直接制も残す。主に人事による間接統治になる。そして、必要な場合は、国内政治のあらゆる分野に亘り、天皇陛下の勅命を発することができる。

天皇が内閣の大臣である財務省、金融庁担当大臣などを任免する。既に「臣の章」で述べた条文は、第二十九条「天皇は内閣の大臣及び国会議員を任免する。又は内閣が国会議員を推薦し、天皇が任命する」。つまり財務省の大臣、金融庁の担当大臣は、閣僚であり、既に臣の位になる。

煩わしいので、財務省、金融庁を大蔵省として、話を進める。大蔵省は、全ての省や国策な

どや地方自治体などに関わり、その範囲は広大である。

よって、大蔵省のみ、臣の位を主要局まで、広げた方がよいと考える。こうすることによって、大蔵省内の統一を図り、隅々まで目を光らせ、不正を完璧に断つ。

主税局、関税局、国税庁などの長を臣とする。局長などだけではなく副局長も。その局の必要によっては何人でも、臣に任命する。統一のある多くの複数の臣達によって、国民の資金をしっかり管理し、かつ目を光らせる。条文は

「天皇は大蔵省の各局長、副局長を任免する。又は大蔵大臣が大蔵省の各局長、副局長を推薦し、天皇が任命する。」

大蔵省と大蔵省内各局の情報の公開

更に現代技術を使用し、情報を公開し、大蔵省をガラス張りにして、何重にも監視し不正を断つ。

国民全員が上げた初穂であるから、実際にどのように税金が配分され、どのように使われるのかを、全ての臣達や国民が知るのは当然の事なのである。これにより、金という蜜に群がる蟻共を駆逐する。害虫を断つ。

国益に反しない限りにおいて、専用チャンネルを設け、リアルタイムで大蔵省内の資金の配分、流れの現場を映像と共に全て公開する。大蔵省内や関連部局との勝手な予算の流れを断ち

切る。

現代はこれができるようになった。大蔵省は組織が巨大なので、局毎に専用チャンネルを設けることもできる。また、大蔵省や大蔵省内各局の専用情報を、国民に解りやすいように、日報、週報、月報で全て公開する。

常に、適正に使用されているかどうか点検される。また、全ての臣達や国民が、これらを見ることにより、さらによい政策が生まれる可能性もある。

幾重にも取り囲み、大蔵省全体を全て、風通し良くし、国民の税金の無駄遣い、抜き取り、行方不明をさせない。国民の税金は一円たりとも無駄にしない。させない。

特別会計は一般会計と同じく、貴真において全て審議される。特別会計と一般会計を一緒に扱う。全てガラス張りにし、全ての臣達や国民の目に晒す。

これだけでも国家予算が、名目上、二倍位に増えることになるのではなかろうか。これにより余る予算を有効に活用する。

有り余る、豊かで豊富な国家予算。これが本来の我が国の国家予算で、当たり前のことなのである。現代の財務省や金融庁が、余りにも異常なのだ。条文は
「大蔵省内の全ての資金の流れを、大蔵省と大蔵省内各局に専用チャンネルを設け、国益に反しない限りにおいて、映像と共に全て公開する。2　大蔵省と大蔵省内各局の日報、週報、月報を、国益に反しない限りにおいて、全て公開する。」

天皇による租税　税制の大改革

天皇が日本国を統治する。そして、天皇が日本国の財政を統治する。従って、天皇が租税を課し、必要が有れば租税を変更する。これは、既に述べたように、我が国の伝統による。ただし、日の本の財政は巨大で、広範囲なので、主に間接統治になる。天皇と皇室の負担を減らすためである。議会が審議し、天皇が承認して、実行される。必要であれば天皇の直接課税も行う。直接統治も残す。

予算の、特別会計の中には、為替や不安定な投資による会計もある。予期せぬ自然災害などの支出や、敵国のいきなりの攻撃などもある。常日頃の万全の備えを、租税にも行う必要がある。

現在、税金や社会保険などの、国民の負担率は年収の約5割位といわれる。余りにも大すぎる。それを、解りづらくして、巧妙に課税されている。我が国の伝統にもとる行為だ。従って、憲法や行政などと共に、税制の大改革を行う。

国民の税負担率は効率の良い貴真による経済政策や、ガラス張りの財政や行政などにより、年収の一～二割位に抑える。又は、現代の半分以下がよい。説明したように、ほとんど無くすこともできる。

そして、税体系を解りやすくする。現代は複雑で解りづらい。解りづらくしている。全て国民に見えるように、ガラス張りにする。もし、増税をする場合には、理由をハッキリ説明する。勿論消費税の廃止は当たり前。消費税はゼロにする。

国民は格安の税負担になるので、その一部を、、国民自らや、非常事態のために積み立て、国民も協力して、ヤマト財政を何重にも守る。国民基金として運用し、国民自身にも無利子で貸し出す。

このように貴真体制では、優れた貴真や有り余る余裕のある財政により、天皇に税金を納めるからといって、無慈悲な加重の徴収ではなく、却って税金は何割も安くなる。ただ、大規模な自然災害、敵国の奇襲などの時は、それなりの負担を、国民に求めることはあろう。

国民生活に寄り添う柔軟な課税

そして、天皇による租税は、大変柔軟性があるのが特徴であり、これが我が国の本来の伝統である。租税は決めたから、何がなんでも徴収するということはない。

長い人生に、個人、家族が、どん底の経済状態の時もある。その場合は、一定期間課税は全くしない。良民が毎年コツコツ納税していれば、もしもの時は年数に応じて、速攻で、素早く現金で還付する。国民自らの積立金もある。国民保険の体制を桁違いに充実させる。しかし、反日や在日、違法外国人などは、この措置の対象外なのは当たり前である。

これは企業も同じ。激しい生存競争、企業競争の中で、浮き沈みは必ずある。そういう時のための、保険を兼ねる組織と資金を本格的に整える。現在も同じような組織があるようだが、形だけなので、桁違いに充実させる。

油断のない税制、財政政策を行う。しかし、それでも予算が余れば、例えば、来年は全ての国民の税金を三割減らすとか、半分にするという大胆な政策を、天皇の詔で直ぐに実行できる。

現代の硬直的な税制とは違い、臨機応変に、国民生活に対応した、柔軟な税制がとれるのが、貴真体制の特徴である。そのような体制を築く。

このように、国民のことを考えて、租税に柔軟性を持たせる。そのため、このような業務を行えるように、法律の改正、組織の拡充、職員の増員などは当然必要になる。条文は

「天皇は租税を課し、税率を決定する。又は天皇が、租税に関わる国会の議決を承認し、課税する。」

「日本国は万世一系の天皇之を統治する」のであるから、天皇が租税を課すのは当然。そして、巨額な国家財政に群がる蟻共を避けるために、敢えて「天皇が租税を課す」を入れる。通常は、後半の天皇による間接的な課税になるだろう。

国費の支出　債務の負担

「天皇が日本国の財政を治める」ので、天皇が国費の支出を決定し、国が債務を負担することを決める。

皇族や内閣、研究機関の意見を参考に、天皇が決定することになろう。通常は、天皇の負担

軽減のために、間接統治になる。

「国費を支出し、若しくは国が債務を負担するには、国会が議決し、天皇の承認を得なければならない。又は、天皇の詔により、国費を支出し、若しくは国が債務を負担する。」

国家予算

国民《くにたみ》が初穂（税金）を天皇家に捧げる。そして、天皇家が国家予算を作成し、担当の司に実行を命じる。後に、天皇と貴真が審議し、国家予算を国民に返す。これが伝統。

今日、予算は巨大で広範囲に渡るので、天皇の負担を軽減するため、間接制も取り入れる。国家予算はあらゆる分野に亘る。各分野の政策の専門家集団の長であり、臣である貴真の首相、閣僚が中心となって審議し、まとめる。膨大な国家予算はこれが基本であろう。

ただし必要ならば、天皇は勅命により国家予算を編成できる。天皇直属の強力な情報、研究、諮問機関などにより可能となる。

皇族も、直属の情報、研究、諮問機関などにより、天皇に協力できる。また、独自に予算案を、貴真に提出できる。皇族伝統の広い見識を予算に反映させるのは、国家国民にとって、大変良いことだろう。

また臣及び企業、国民も、地方議会や貴真議会に、予算に関わる政策提言や法案を提出できる。良案は審議され決定し、現実に実行される。

これにより選挙制度は必要ない。もし成立した法案に対して、国民や企業に不都合があり、その理由が正当ならば、法案を素早く変える。最良の法案があれば、臨機応変に行う。

通常の国家予算は、内閣が作成し、貴真で審議され決定する。皇族、臣及び企業、国民による、より良い法案は採用される。そして、天皇の承諾を得て実行される。

国家予算は範囲が広いので、通常は間接制をとる。しかし、天皇直属の研究機関と、愛国担当官僚達によっても、予算は作成する直接制も残す。条文は

「天皇は内閣に毎会計年度の予算の作成を命ずる。内閣は、毎会計年度の予算を作成し、国会に提出して、その審議を受け議決し、天皇の承諾を得なければならない。又は、天皇が詔して、大日本国の国家予算を作成し決定する。」

「皇族、臣及び企業、国民は予算法案を議会に提出できる。提出方法は別途法律で定める。」

ヤマトの予備費

急で予見しがたい支出は、内閣が天皇の承認のみを得て、素早く実行できる。天皇の負担を減らす。直接制も残す。条文は

「予見し難い予算の不足に充てるため、国会の議決に基いて予備費を設け、内閣が天皇の承認を受け、これを支出することができる。又は、天皇の勅命により、予備費を支出する。」

皇室直属の国家予算

国体は生命体である。国家予算を決めても、一〇〇%理想の国家経営というのは、なかなか難しいだろう。自然災害や敵国からの攻撃などや外部からの影響もある。

またどうしても、予算が一億円足りないが、それがあれば、すばらしい発明や事業が実行できるなど。そういう部分を皇室に補っていただく。天成る道に則る、皇室の視点からの国体の潤滑油的な役割をお願いする。

つまり、国家予算の1%を、国家国民のために、皇室に自由に使用していただく。これは皇室費とは別のものである。国家予算三00兆円の場合は三兆円。この位の金額であれば、余り国民の負担にもならないし、使い勝手がある。この割合は、財政に支障がない限りに置いて、自由に変えられる。例えば、一〇兆円とか二〇兆円。これにより国体を更に強固にする。

天皇に献上する税金総額の一%だから、国民の理解も得られるだろう。また、使用しない部分は、翌年に持ち越したり、国家国民のために、積み立てればよいわけだ。管理は皇室や直属機関が行うのがいいだろう。条文は

「皇室の直接使用する国家予算を国家予算総額の一%とする。」

皇室の財産

皇室の先祖が、我が国を建国した。そして、六千年以上前から、皇室が中心となり、国民と

共に国造りを行ってきた。時には激しい雨風もあったが、常にその中心は皇室である。日の本の国体は、皇室、臣、国民からなる。

その中心、代表は皇室なので、日の本の全ての資産は皇室に属する。これが古来からの伝統である。

シナ、北朝鮮などの独裁、人民弾圧国家は、国家の全資産が、共産党や党員に集中し、自分たちだけのために悪用されている。

我が国は、皇室に集中する国家の資産のほとんどを、自然と調和しつつ、天成る道に則り、国家国民のために最適に使用する。これは我が国しかできない伝統である。

ヤマト国の全財産は皇室に属す。従って、その一部である皇室の全財産は、皇室に属する。一つ一つの皇室の財産は、我々の知らない縁《ゆかり》のあるものばかりであろう。従って、皇室の財産は皇室会議により、皇室の方々に管理していただくのが一番良く、当然の事である。

皇室の財産は憲法と『皇室典範』の双方に関係する。現デタラメ憲法は今述べている『大日本国憲法』により、神代から続く我が国伝統の憲法に戻す。現代の『皇室典範』も、「天皇」の章で既に述べたように欠陥を抱えるので、天皇が『大日本国憲法』の第二条によって、伝統の『皇室典範』に戻していただきたい。

この伝統の皇室典範による皇室会議によって、皇室の財産は管理される。条文は

「皇室の財産は皇室に属する。2　皇室の財産は皇室会議により管理する。」

皇室費用は皇室会議で決定する

「天に受け　天に帰るぞ」の教えにあるように、国民の税金は初穂として朝廷に上げられ、天の維持に必要な初穂を残し、残りは「天成る道」により、国民に返される。
ヤマトの全資産は皇室に属する。皇室費用は、国家予算より計上される。残りは貴真のマツリにより、国民に返される。

皇室の費用は、国民から上げられる初穂で使用して頂くのが、古代からの伝統である。全国民の初穂が国家予算であるから、国家予算から皇室費用を計上するのは、当たり前のことだ。皇室に皇室費用を使用して頂く。

そして、皇室費用は、皇室会議で決定する。皇室は我々国民とは違う。必要な費用のみを決めるので、全て皇室にお任せする。自ずと必要な経費は支出し、無駄な経費は省く。皇室と国民との信頼関係は六千年以上に亘る。

また既に述べた「皇室直属の国家予算」は、皇室が独自に使用する国家予算であり、皇室費用とは全くの別予算である。

皇室費用は、前の項と同じく、今取り挙げている『大日本国憲法』と、新しい『皇室典範』による皇室会議によって決定し、それがそのまま実行される。条文は

「皇室の費用は皇室会議で決定する。2　皇室の費用は国家予算より計上される。」

国防防災資金を設ける

国防防災の意識向上と悪徳消費者金融を断つ

何百万年前より、ヤマト列島は、いくつものプレートの移動による地殻変動や火山活動によって成った世界でも希な島国である。奇跡の列島である。現代も動き続けている。大雨も多く、台風の通り道でもある。従って、ヤマトでは、大規模な自然災害はいつあっても不思議ではない。それらから、いかに国家国民を守るか。

全てではないが、我が国の自然災害は規模が大きく、国防と同じに考えた方がいい。自然災害は、時として、何十万人の犠牲も予想されている。戦争と同じようなものだ。度々自衛隊が出動している。

敵国によるミサイル攻撃や侵略にも備える必要がある。従って、大日本国軍を、国防のみの専門部隊と、国防、防災を行う部隊の、二軍構成とした方がよいと考える。

大日本国軍の内、国防専門部隊は、国防を専門に行う。そして、国防防災部隊は、平時は国防を任務とし、大規模災害の時には、主に災害対策を任務とする。これにより、国防専門部隊の強力な戦力を、保持し続ける。

更に民間でも資金を設け、国防防災部隊と共に、日の本を守る。人や組織を二重三重に備え、自分の国や自分たちを、二重三重に守る。

まず、そのための財源が必要となる。国民による防災と国防資金を設ける。これは先の「国民」の章で取り挙げた「国防軍の設置」のための予算と一本化する。国でも予算をとりかつ国民からも資金を出し、二重に予算を充実させる。租税の項で取り挙げた予算とも重なる。

出し入れは自由なので、国民の負担にはならない。却って国民生活に大変役に立つ。国民の貯蓄や生活保険の役割も担う。世帯の貯蓄なので、各家庭の資産が充実する。そして、国防、防災の備えになり、平和な自分たちの生活を守る。これにより国民の防災意識、国防意識を維持し、かつ現実に機能することになる。

優れた貴真体制による国家運営により、既にヤマト国民には、効率よい財政や多くの優遇処置や減税処置などが与えられている。その国民の利益から、収入に応じて、世帯毎に積み立て、それを国防、防災資金に充当する。国民に国防、防災の意識を植え付ける。当然の事だ。

平成三〇年の世帯数は約五八〇〇万世帯。仮に一世帯、年間一〇万円ずつ積み立てると一〇年間で一〇〇万円。五八〇〇万世帯だから、合計五八兆円になる。年間は約六兆円。かなりの金額の国防、防災ができる。これに国の予算も加え、二重三重に対策する。

民間資金の方だけでも巨額なので、出し入れ自由な、国民消費者金融機関の機能も持たせることもできる。国民金融互助機関。国民のみに、急に必要な小口、又は大口の資金を金利無しでいつでも借し出す。速攻で現金を用立てる。内容によっては返済不要。

これにより、現在国民を搾取している、悪徳高金利消費者金融から国民を守る。審査機関や運営方法などは別途法律で定める。

そして、この資金の管理運営は、皇族自身や天皇が任命する臣達が行う。現代の政府では何に使われるか解らない。現代政府では絶対管理は不可能。しかし、『大日本国憲法』では、全てガラス張りにして、皇族や天皇が任命する臣達が行うので安心して任せられる。この資金は国と国民の双方から拠出する。条文は

「国防、防災の備えとして、国と国民による国防防災資金を設ける。資金の管理は皇族又は天皇が指名する臣が行う。詳しくは別途法律で定める。」

『大日本国憲法』と貴真体制の源

神道、神社の継承

「神の道」（神道）の起源は人類とヤマト列島が創り出したもので、何万年、何十万年の歴史がある。

そして、初代天神・国常立神により、「神の道」が完成され、神社建築が創建されて以来、六千年以上の歴史がある。以来今日に至るまで、神の社は長い間、日の本や地方各地の政治、経済、文化の中心であり、今も多くの神々が、そこで日の本を見守り続ける。人類最長で唯一。

その中心が皇居である。代々の天神が住まう宮殿《みやとの》（皇居）は、神社建築と神道文化の中心地である。宮殿《みやとの》を中心に、皇室により、「天成る道」、「神の道」が摂り行われる。

初代天神・国常立神より、我が国は「神の道」の国である。神道は、人類がヤマト列島と共に、営々として築き上げてきた、世界宗教の源である。そして、神道の行いは真の世界唯一、

人類唯一の祭政一致体制である貴真体制の中心であり、かつ『大日本国憲法』で定める国教である。神道を守り、発展し続けることが、国体の護持に繋がり、国民を守ることに繋がる。

この『大日本国憲法』や貴真体制も、神道の教えの一つである。その拠り所である神社は歴代天皇、皇族、重臣達が鎮まる聖地でもある。神社や神社にまつわる文化、伝統を、なるべく国民の負担にならないように、永遠に残すのは当然のことである。

現代のデタラメ憲法や、余りに異常な政治家達でも、現在何とか、日の本が持ちこたえているのは、天皇家と共に、ヤマト各地の神社で、このような神々が守っているお陰なのである。

現代、ヤマト各地の何十万社という神社の管理は、主に各地の神社や氏子達によって維持され、支えられている。

神社を維持するのに、人件費や維持費などの費用は当然かかる。従って、『大日本国憲法』では、あらゆる神社活動に対しての租税は勿論ない。

そして、国家予算の〇・二パーンセント位は、国家神道である神社の維持活動に費やしても、余り負担にならず、国民の異議はないと考える。三〇〇兆円の国家予算の場合は、年間六〇〇〇億。神社数を五〇万社とすると、一社あたり年間一二〇万円位。この基金の管理者は、皇族や皇族関係者がふさわしい。

伝統文化の継承には費用がかかる。また遷宮や倒壊による建て直しや屋根葺きなどに、まとまった予算が必要になる。そのための積立金などは必要となり、この基金で賄う。賄えない部分は、国庫で賄うことになろう。基金の使用方法や分配などは、神社関係者と議論すべき所。

条文は

「国家神道の全ての活動、及び全国の神社を維持するための全ての活動に租税はかからない。」

「全国神社の伝統の継承と維持のための予算を、国家予算の〇・二％とする。」

〇・二％が少ないのであれば、審議して、この割合を修正することもできる。

外来宗教には企業と同じ課税

何万年、何十万年の伝統を誇り、極めて完成された「神の道」（神道）から見れば、現代言われている世界宗教は新興宗教のようだ。それらの教義は欠点だらけだ。神道と格が違う。

仏《ぶっ》の内容は全くない。日本仏の殆どは神道の教義を真似た物である。本来、仏には先祖崇拝の教えはない。墓、御霊屋（仏壇）もないし、四九日なども神道の教義をそっくり頂戴したものだ。しかも、その起源を明かさず、自分の物だと言っているのは、朝鮮人、シナ人や共産国家とそっくりだ。人の物を横取り、盗み、自分の物だと言い張る。

仏は全て、神道にすり寄る仏《ぶっ》企業である、と考えると解りやすい。全て、金と権力が目的だ。

仏舎利という、インド人の骨は、ヤマトには何の価値もない。小汚い、乞食のような物乞いのインド人を敬う必要は全くない。

キリスト教は、日の本を侵略しようとした外国の先兵である。日の本、皇室、国体を破壊するのが最終目標と考えられる。江戸時代のヤソ教大名は、多くの神社や神社文化を破壊した。小汚い、乞食のような物乞いのユダヤ人を敬う理由は全くない。イスラム教も同じ。

名前だけは、何々教であるが、実体は単なる利権団体である。世界中で利権の奪い合いによる紛争、戦争が絶えない。従って、世界のあらゆる宗教を日の本に入れるべきではない。国内の治安を悪化させるだけだ。しかし、全て禁止すると友好国との関係の問題が残る。

貴真体制下では、日の本、皇室、ヤマト国民、国体や貴真体制を侮辱したり、破壊しようとしたりしない限り、原則信仰の自由を認める。しかし、国家宗教である悠久の神道と新興宗教のような輸入宗教とは峻別するのは当然である。神道以外、他宗教の宗教活動や団体には企業と同じ課税を行う。条文は

「神道以外の宗教の租税は企業と同じとする。」

自然と里山、里海の伝統と重要性　ヤマト列島の自然と人類

日の本は、何十万年前より、人類が奇跡のヤマト列島の自然と共に文明を築き、現代まで伝わる、人類唯一、世界唯一の国家である。ヤマト列島の大自然と共に、われわれの先祖である人類は十万年以上の年数をかけて、大文明を創ってきた。

その大自然を、未来に伝えていくのは、我々の義務だ。いつの世でも、ヤマト列島の大自然は我々の文化や生活に大変身近に関わる。大自然を豊かに保つことは、我々の生活を豊かにす

ることに繋がる。災害を減らすことにも繋がる。

現代政治は、自然との共生は、事周《ことば》のみで、あまり力を入れていない。貴真体制は、これを大いに充実する。

・里山、里海を守り、ヤマト文明を未来に繋げる

里山、里海は自然と人との接点である。ここがヤマト文明の発祥地と思われる。なるべく自然全体を保全しつつ、ここを健やかに維持し、育てることが、自然と人との調和に繋がる。古代からの伝統を、次世代に繋げることになる。

自然を生かし、程良く人の手を加えることが大切だ。これが自然を保ち、かつ豊かにすることになる。全国耕作地の害獣対策にもなる。害獣が里に出てくるのは、里山が衰退し、山に人が入らなくなったためだ。

これは、現代、地域再生計画として行われているようであるが、票にならないためであろう、名目だけになっているようだ。これを『大日本国憲法』に入れて、格段に、継続的に行おうというものである。

まず里山、里海の意義、重要性が解っていない。里山、里海は自然と人が接する接点であり、拠点である。そこでヤマト文明が育まれた。

その歴史は古い。われわれの先祖は一〇万年以上前から、直接、山海の幸を得て生きながらえてきた。そして、天御中主神や国常立神時代もそうだが、それ以降も、国民の生活の拠点は里山、里海であり、現代のように里山に疎遠になったのは最近のことである。里山、里海は国民の心の古里なのである。その伝統を未来にも繋げる。

・**伝統文化の継承と国民の憩いの場**

神社や神社に関わる伝統文化のほとんどは里山、里海に存在する。従って里山、里海の文化を伝え残すことは、豊かな自然と共に、神社と伝統文化を後世に残すことに繋がる。

また、先端技術、先端産業などに関わっている人々も、豊かなヤマト列島の自然や里山、里海に接すると、心身共に癒される人は多いだろう。自然にはそういう偉大な力があることを知るべきだ。技術や文明が進歩すればする程、自然や里山、里海を大切にする必要があるのだ。国民生活に必要な、災害のない自然、豊かな水資源、栄養豊富な作物、豊かな漁場など。これらも、現代、未来に亘り、里山、里海を守ることによって繋いでいける。

・**国土の充実と国家の基盤**

実は、我が国のあらゆる分野が、ヤマト列島の自然と関わる。我が国の自然や里山、里海を豊かに保つことは、国の基盤をしっかりすることに繋がる。自然災害の減少に繋がる。

現代では、ヤマトの自然を守ることは、長期政策なので、あまり票にならず、政治的に問題にされない。それなら、なおさら『大日本国憲法』の条文に入れて、重要性を強調すべきであろう。そして、短期、中期、長期の政策として、実際に着実に実行すべき。

全国の山と自然は、別に法律を充実して守るようにする。これは内閣の農林省が担当することになる。
それに加え、里山、里海とそれに関わる文化、伝統を守る。里山、里海を守ることは全国の森林とヤマトを取り巻く海を守ることに繋がる。

・継承の取り組み

そのために、国家予算の〇・二％くらいを使用しても、国民に負担にもならず、不満もないと思う。国民も大いに恩恵を被る。予算三〇〇兆円なら毎年六〇〇〇億円位の規模。一〇年間で六兆円。
そして、ヤマトの恵まれた大自然や里山、里海は、取り組み方次第で、利益を生み出すことが出来る分野である。これはその元になる資金でもある。
余剰が出たら、その利益を里山里海資金に廻し、循環させる。また予算も増える。予算が必要なくなれば、敢えて使用することはない。他に廻す。条文は
「全国の里山、里海の維持や伝統文化を継承するための予算を、国家予算の〇・二％とする。」

会計検査院の内容を桁違いに強化する

・無駄の廃止　予算の創造

天皇が予算や租税を統治する。その予算が、効果的に使用されているかを検査する機関が、会計検査院である。神代の「目付け」の役職が、これに当たる。しかし、現代の会計検査院が、

良く機能していると思っている国民は、ほとんどいない。これは余りに異常なことなのだ。これを正す。正して当たり前なのだ。

これを抜本的に変える。伝統に戻し、現代という時代に合わせ、更に充実する。地方予算や国家予算は国民の血税である。その予算を最適に使用されているかを、審査するのは当たり前のことだ。

そして、この見直しによっても、莫大な無駄遣いが指摘できるはずだ。その分を、節税したり、又は投資することができる。

・会計検査院を桁違いに充実

会計検査院の組織、人員を充実させる。会計検査官はたった三人しかいないので、これを、三〇人位にする。必要なら三〇〇人でも良い。何百人、何千人でも、必要な限り人員を増やす。そして、全て天皇が任免若しくは承認とする。これによって、国は勿論、地方の隅々まで目を光らせ、国民の血税を、一円たりとも無駄には使わせない。

職員は平成三一年で一、二四三人しかいないので、これも一〇倍の一万人以上、必要な人数に増やす。そして、全ての国家予算や、地方予算まで、しっかり検査できる体制にする。

会計検査院による、令和元年十一月八日発表の、平成三〇年度の国費の無駄遣いや、不適切な事業が、三三五件、約一、〇〇二億円だそうだ。これは明らかに氷山の一角だろう。こんなものではないはずだ。

たった三人の会計検査官で、どこまで検査出来るというのか。また地方税による事業の会計検査は、全く入っていないようだ。国に加え、全ての地方公共団体も入れたら、この何百倍の無駄遣いや、不適切な事業があるだろう。おそらく何兆円、何十兆円の税金が、無駄に使われていると思われる。

人員を増やすのは当然だが、必要なら体制も変えてよい。地方にも会計検査官を置き、国の会計検査と地方公共団体の会計検査と連動する。中央と全国四七都道府県に会計検査院の支所を配置し、限無く検査する。

・元を取って余りある莫大な効果

組織と人員を、桁違いに改善するが、これによる国税、地方税の無駄遣いは桁違いに是正され、組織拡大にともなう費用を補って余りある。

令和元年度の国家予算は、国と地方を合わせ、約５００兆と推定される。現在の政府や地方公共団体が、この予算全てを、限りなく有効に使用している、とはとても思えない。おそらく二〜三割は、途中で抜かれているだろう。少なく見積もり、一割としても、５０兆円が、抜かれたり、無駄に使用されている。

従って、『大日本国憲法』で、新たに新設する皇室の国家予算、各種情報・研究・諮問機関、各種連絡会議、国民防衛隊、全国神社のための予算、全国の里山・里海の予算、国民の家などの費用を、これに充当してもまだ余りある。『大日本国憲法』による貴真の国家予算は、非常に潤沢であるというのは、こういう事にもよる。

『大日本国憲法』による貴真体制によって、究極の節税を実現する。無駄な予算は削り、余った金額を、より必要な部門に廻せば、更に経済が良く回り税収が増える。又は減税。好循環が次々に続く。自然と調和しつつ、国民は豊になり、国も豊かに栄える。

会計検査院の審査の内容は、軍事機密や企業秘密など、国益にならず公開できない箇所を除いて、全て公開する。必要なら専用チャンネルを設ける。会計検査官を臣とすることで、会計検査院を本来の姿に戻すことができる。

天皇家に上げられる税金を、一円でも無駄にせず、効率的に国民に返すのは、伝統であり、当然のことだ。条文は

「天皇は会計検査院の人事、組織及び権限を定める。又は内閣が会計検査院の人事、組織及び権限を定め、天皇の承認を得る。2　天皇は会計検査官を任免する。又は内閣が会計検査官を推薦し天皇が任命する。3　会計検査院は国及び各都道府県に設置する。4　会計検査院は、毎年国と各都道府県の収入支出の決算について、検査報告を国会及び都道府県議会に提出する。」

■　第七章　財政　　まとめ

（財政の統治）

第九十七条　天皇は日本国の財政を統治する。
2　天皇は財政に関わる国会の議決を承認し、行使する。又は、天皇は財政に関わる詔を発し、行使する。
（日本国銀行券の発行）
第九十八条　天皇は日本銀行券を発行する。又は、日本銀行が日本銀行券の発行量を決め、天皇が承認を与える。
（日本銀行の臣の任免）
第九十九条　天皇は日本銀行の総裁、副総裁、審議委員を任免する。又は総裁が審議委員を推薦し、天皇が任命する。
（特別会計と一般会計の統合審議）
第百条　国の特別会計は、一般会計と同じく、国会において詳しく審議される。
（大蔵省の臣の任免）
第百一条　天皇は大蔵省の各局長、副局長を任免する。又は大蔵大臣が大蔵省の各局長、副局長を推薦し、天皇が任命する。
（大蔵省内の情報公開）
第百二条　大蔵省内の全ての資金の流れを、大蔵省と大蔵省内各局に専用チャンネルを設け、国益に反しない限りにおいて、映像と共に全て公開する。

2　大蔵省と大蔵省内各局の日報、週報、月報を、国益に反しない限りにおいて、全て公開する。

（租税）

第百三条　天皇は租税を課し、税率を決定する。又は天皇が、租税に関わる国会の議決を承認し、課税する。

（国費の支出と債務の負担）

第百四条　国費を支出し、若しくは国が債務を負担するには、国会が議決し、天皇の承認を得なければならない。又は、天皇の詔により、国費を支出し、若しくは国が債務を負担する。

（予算の作成）

第百五条　天皇が内閣に毎会計年度の予算の作成を命ずる。内閣は、毎会計年度の予算を作成し、国会に提出して、その審議を受け議決し、天皇の承諾を得なければならない。又は、天皇が詔して、大日本国の国家予算を作成し決定する。

（皇族、臣、企業、国民による予算法案）

第百六条　皇族、臣及び企業、国民は予算法案を議会に提出できる。提出方法は別途法律で定める。

（予備費）

第百七条　予見し難い予算の不足に充てるため、国会の議決に基いて予備費を設け、内閣が天皇の承認を受け、これを支出することができる。又は、天皇の勅命により、予備費を支出する。

（皇室の国家予算）

第百八条　皇室の直接使用する国家予算を国家予算総額の一％とする。

（皇室の財産）

第百九条　皇室の財産は皇室に属する。
２　皇室の財産は皇室会議により管理する。
（皇室費用）
第百十条　皇室の費用は皇室会議で決定する。
２　皇室の費用は国家予算より計上される。
（国防防災資金の設置）
第百十一条　国防、防災の備えとして、国と国民による国防防災資金を設ける。資金の管理は皇族又は天皇が指名する臣が行う。詳しくは別途法律で定める。
（国家神道と神社の維持）
第百十二条　国家神道の全ての活動、及び全国の神社を維持するための全ての活動に租税はかからない。
（全国神社の伝統の継承と維持）
第百十三条　全国神社の伝統の継承と維持のための予算を、国家予算の〇・二％とする。

（神道以外の宗教の租税）

第百十四条　神道以外の宗教の租税は企業と同じとする。

（里山、里海の維持）

第百十五条　全国の里山、里海の維持や伝統文化を継承するための予算を、国家予算の〇・二%とする。

（会計検査院と検査官）

第百十六条　天皇は会計検査院の人事、組織及び権限を定める。又は内閣が会計検査院の人事、組織及び権限を定め、天皇の承認を得る。

2　天皇は会計検査官を任免する。又は内閣が会計検査官を推薦し天皇が任命する。

3　会計検査院は国及び各都道府県に設置する。

4　会計検査院は、毎年国と各都道府県の収入支出の決算について、検査報告を国会及び都道府県議会に提出する。

大日本国憲法　第八章　司法

司法の基本、源

国家がなくては司法はない。我が国においては、国家、皇室、国民、国体、国防がなくては司法はない。

既に、天照大御神の時代に、司法制度は確立していた。掟、法《のり》を設け、国々でも行われ、重要な裁きは貴真で行われた。貴真の重臣達が裁きを行っている様子が記されている。天照大御神自ら裁定もしたと思われる。

従って基本は、国民を裁くのは「天成る道」を知る天皇や臣達である。しかし、国民の数が多くなり、国々が増えたために、専門職が裁くことになる。

現代憲法の司法の問題

従って、明治憲法「第五七条　司法権ハ天皇ノ名ニ於テ法律ニ依リ裁判所之ヲ行フ」は我が国の伝統に、ほぼ合っている。

『大日本国憲法』では、天皇陛下が貴真の臣達は任免する。従って、天皇が最高裁判所長官、地方裁判所長官及び裁判官を任免する。または最高裁判所長官と地方裁判所長官がそれぞれの裁判官を推薦し、天皇が裁判官を任命する。

現代、我が国において、反日、共産主義勢力などが、あらゆる方面に入り込んでいて、司法にも入り込んでいる。それを除くために、、こうすることよって反日、共産主義勢力などの攻撃から日の本、皇室、国民、国体、国防を守ることが出来る。反日、共産主義勢力を断ち切る。

ほとんど報道されていないが、シナや朝鮮人の反日裁判長もいて、裁判官も多くなっているそうだ。これを全て断つ。

また、裁判所は、基本的に、最高裁判所と地方裁判所でよいと考える。裁判所は、数の問題ではなく、中身の質の問題だ。

『日本国憲法』の第七十六条「すべて司法権は、最高裁判所及び法律の定めるところにより設置する下級裁判所に属する」や、自民党草案の第七十六条「全て司法権は、最高裁判所及び法律の定めるところにより設置する下級裁判所に属する」は、我が国の伝統を外れている。

明治憲法の文面は、ほぼよいが、問題は「天皇ノ名ニ於テ」「天成る道」に則り、裁けるかどうかで、中身の問題が残る。この問題をいかに解決するか。条文は

「司法権は天皇の名において法律によって裁判所が行使する。2　裁判所の構成は天皇が定める。」

「天皇は最高裁判所長官及び地方裁判所長官並びに裁判官を任免する。又は最高裁判所長官及び地方裁判所長官がそれぞれの裁判官を推薦し、天皇が裁判官を任命する。」

裁判所の基本的問題

・裁判官の質の問題

どの分野でもそうだが、司法に関わる最大の問題も人に尽きる。人が問題だ。現代行われている裁判員制度は、裁判所自らが、この問題を認めていることを証明している。裁判所は世の中のあらゆる事件、問題を裁く。であれば、経験豊富な、世の中をよく知る達人達でなければ、裁くことは出来ない。

自分たちでは裁けないので、裁判員制度を導入し、国民に協力してもらう。国民の批判があったためだろうが、それは、裁判官が世の中を知らな過ぎることが原因だ。

そこを解決しなければならないはずだ。このような裁判官による非現実的な判決で、国家が滅びるという説もあるくらいだ。そこを改善、改革すべきなのだか。

筆者は労働審判の経験がある。そこで知ったのは、労働審判官(裁判官)と労働審判員が世間一般の常識を知らな過ぎることだ。一般常識が全く通用しない。従って一切認めない。これには唖然として、開いた口が塞がらなかった。全て証拠が必要。全て証拠が揃っていたら、素人でも判断できる。労働審判官と労働審判員は必要ない。資質が余りにも低すぎる。

労働審判制度は、労働問題をやっているという国民への見せかけだけで、内容が伴わない。国民を欺き、騙している。労働問題の一種のガス抜き組織であると断定する。こうすることよって、企業の立場を有利にし、企業に不当な利益を与え続けている。

そういうところに、施設、人件費などの高額の税金をかける必要はない。『大日本国憲法』では労使の問題は調停委員会を設けるので、労働審判の組織、制度を即刻全て解体する。税金の無駄遣いだ。

労働審判制度は、あらゆる分野の、あらゆる部署で、こういう隠された税金、施設、人材の無駄遣いが、多く存在する確固たる実例の一つである。こういう部署や組織を、専門委員会を組織して、厳正に全てを見直し、無駄な組織は全て断つ。

・問題の解決策

裁判官の質の問題を解決するためには、裁判官は一定期間、世の中の社会人として生活することが必要であると考える。経験が必要だ。ある程度の経験がなければ、裁くことはできない。

学校を卒業し資格を取り、裁判官になっただけで、世の中のことを知らずに、あらゆる分野のあらゆる国民を裁けるはずがない。

従って、一〇～二〇年間位は、社会に出て、世の中のことを良く知り、その上で裁判官になる必要がある。最低一〇年は必要だろう。それ以上は人による。単なる知識だけではなく、職歴、人格などを資格の中に入れるべきだろう。

それでも足りないかもしれない。そのためには人生五〇年、六〇年生きてきた人達の生きた意見を聞き、共同作業の上で判決を下す。

そのためには、国民が五〇才、六〇才になってからも、裁判官になれる道を開く。これらの

原則の元、詳細は別途法律で定める。条文は

「裁判官は法律に定めた資格を備え、一〇年以上の社会人経験を有する者より、別途法律により選抜し、任命する。２　別に定めた資格を備え、社会人としての経験を三〇年以上有する者は、別途法律により裁判官に選抜し、任命する。」

特別裁判所の設置

裁判官も人なので誤ることもある。時には誤る裁判官や裁判所もあるだろう。その時は国民が損害を被る。

国民のために、古代では、天神直轄の専門職が目を光らせていた。従って、現在の弾劾裁判所は、伝統に則る部門であり、継続する。そして、中身を格段に充実させる。

また、行政や警察、国軍などの裁きは、特別な経験がないとできるはずがない。従って、特別裁判所を設ける必要がある。条文は

「罷免の訴追を受けた裁判官を裁判するため、内閣又は議員で組織する弾劾裁判所を設ける。弾劾に関する事項は法律で定める。」

「特別裁判所を設ける。特別裁判所は軍事裁判所、警察裁判所、行政裁判所とする。」

司法の項目は、主に明治憲法を参考にした。これ以外は法律で対応し、必要があれば憲法の

改正を天皇陛下に奏上する。必要な『大日本国憲法』の改正は、しっかり準備して素早く行える。

■ 第八章　司法　まとめ

（司法権）
第百十七条
司法権は天皇の名において法律によって裁判所が行使する。
2　裁判所の構成は天皇が定める。
（裁判所長官と裁判官の任免）
第百十八条
天皇は最高裁判所長官及び地方裁判所長官並びに裁判官を任免する。又は最高裁判所長官及び地方裁判所長官がそれぞれの裁判官を推薦し、天皇が裁判官を任命する。
（裁判官の資質の向上）
第百十九条
裁判官は法律に定めた資格を備え、一〇年以上の社会人経験を有する者より、別途法律により選抜し、任命する。
2　別に定めた資格を備え、社会人としての経験を三〇年以上有する者は、別途法律により裁判官に選抜し、任命する。

（弾劾裁判所の設置）

第百二十条

罷免の訴追を受けた裁判官を裁判するため、内閣又は議員で組織する弾劾裁判所を設ける。弾劾に関する事項は法律で定める。

（特別裁判所の設置）

第百二十一条

特別裁判所を設ける。特別裁判所は軍事裁判所、警察裁判所、行政裁判所とする。

地方の重視

大日本国憲法　第九章　地方公共団体

国神《くにかみ》は皇室の子孫

初代天神・国常立神には、トホカミヱヒタメの八御子《やみこ》がいて、それぞれ常世《とこよ》国内の各国を治めた。八御子には、それぞれ五人の御子がいた。弟三代トヨクニヌシ神にも、数多くの御子がいて、それぞれ常世国の国々を治めていく。このようにヤマト国内の国々は、皇室の子孫が治めるのが我が国の伝統である。

天照大御神の時代も、近い遠いの違いはあるが、皇室の子孫が国神となっていく。そして、国民一組から成る国（現在の都道府県）を、大変重視している。国神として、神の神名になっているることからも、それが解るだろう。地方を重視するのは我が国の伝統である。

天皇が任免

現代は交通や通信の発達により、格段に中央と地方が近くなっている。情報の公開もしやすい。従って、神代の伝統の上に、更に地方に力を注げる環境が整った。全国の地方公共団体が元気になれば、日の本全体が元気になる。

地方にも選挙がないのは中央と同じ。選挙の弊害は既に述べた。地方公共団体の知事、区長、市長、町長とその副長と議員などは、原則、天皇陛下から任命して頂く。副長は内閣の閣僚みたいなもので、人数は地方公共団体の大きさによって法律で定める。

知事は一人。そして必要な数の、副知事などの臣達によって、中核をしっかり固める。区長、市長、町長なども同じ。同じく議員の数も、その地方公共団体の大きさによって、法律で決める。選挙はないので、極めて軽量で俊敏、適正かつ経済的な人員になる。

軽量と言っても、必要な人員は備わる。緊急事態の時に職員が少なく、対応できなくなることもあるようだ。そうならないように、あらゆる事態を想定した準備をしておく。


共産主義、反日主義などを断つ　地方を守る

ヤマト全国には約二千位の地方公共団体があるそうだ。その全てに、伝統の貴真体制により、皇室の光を隅々まで良く通す。

現代、全国で多くの都道府県の首長や議員などに、共産主義者や反日主義者などの皇室破壊者、国体破壊者などが就任し、破壊活動を行っている。天皇による任免によって、これらを全て断ち切る。勿論、行き過ぎた自由主義、誤ったグローバル主義なども全て断つ。

問題になっている沖縄、北海道、川崎市などの共産、反日活動を完璧に断ち切ることができる。共産、反日、グローバル主義者から地方を守り、伝統の地方の姿を復活する。当たり前の本来の姿に戻す。

地方の統治と繁栄

その地方の伝統を受け継ぎ、短、中、長期の良き政策を持続し続ける。地方の臣達は身近にいるので、住民の生活をよく理解できる。同じ臣として、中央との連絡も円滑にとり続ける。現代の交通、通信技術の発達によって、桁違いに中央との連携がとれる。テレビ会議はその場で話しているように、情報のやり取りができるようになった。

また、通信技術の発達により、地方公共団体の情報公開もしやすくなった。国会と同じように、原則、情報は公開する。これらにより、地方は継続的に繁栄し続けることが出来る。

天皇陛下による臣の任命は、全国地方の臣達の人数が多いので、最初は大変であるが、一度決めたら、その体制は何十年も続く。後は入れ替えの人事のみとなる。できる限り、皇族や直属の情報、研究、諮問機関を大いに動員して、お願いしたい。

天皇による地方の臣の任命などについては、既に天皇と臣の章で、条文を挙げている。挙げた条文は

第五条　天皇は全ての臣を任免し、又は承認する。

第三十一条　天皇は都道府県の知事及び副知事並びに議員を任免する。又は知事が議員を推薦し、天皇が任命する。

第三十二条　天皇は全国市区町村の長及び副長並びに議員を任免する。又は市区町村の長が議員を推薦し、天皇が任命する。

地方も無駄な選挙はない

選挙がないのは中央と同じ。住民一人一人や企業などの団体の政策や法案は、中央や地方議会に提出できるので、選挙の必要がない。これの方が効率が良く早いのも既に述べた。住民などによる審議すべき法案は、審査、審議され、良ければ議会を通り、実行される。

住民の要望、意見、政策、法案などは、直接、又は国民の家や各専用窓口より申し込むことができる。数多くなると予想されるので、専門の仕分け、審議機関が必要になる。条文は

「住民は自らの要望、意見、政策、法案などを国民の家及び各専用窓口から国会、地方議会に提出できる。又は国会、地方議会に直接提出できる。」

地方の臣も貴真の臣と同じ生活となる

地方公共団体の閣僚や議員は、臣の位に準じるので、貴真の臣と同じ義務を伴う。つまり

「臣は天皇と心を一つにして政治を行わなければならない」

「臣は神でなければならない。」

「臣は国が定めた住まいに住まなければならない。」

「臣の言動は、プライバシーの部分を除き、全て記録し、国家の利益に反しない限りにおいて公開される。」

「臣の資産はいつでも全て公開する。」

「臣と国民との連絡会議を設置する。」

「臣と国民との情報局を設置する。」

「臣は自ら、禊ぎ、謹慎、蟄居、辞任などの罪を科す。」

「天皇は免じた臣の復位を命じる。」

などの義務や掟などがある。

臣達は県や地域ごとに、まとまって住むようになる。そこで民間との悪しき情報のやり取りは遮断される。悪しきシガラミ、利権などを断つ。

しかし、臣達は地域のあらゆる現場に出かけ、より良き政治のための、あらゆる情報を得ることは、中央の臣達と同じである。現代より、桁違いに、現場に精通する。臣達は国民や企業について、あらゆる事を知らなければならない。

民間と情報を遮断するということは、贈収賄や利益の供与などを遮断するためであることは、言うまでもない。地方であっても、その利益、権益は大きい。あらゆる手段を使って、それを得ようとする。これを全て断ち切る。

地方も予算を詳しく審議する

既に財政の章で取り挙げたように、地方公共団体にも、国と同じように不透明な予算が存在する。総務省による、平成三一年版の地方財政白書（平成二九年度決算）によると、普通会計の純計決算額は、歳入一〇一兆三、二三三億円で約一〇〇兆円。

地方公共団体の会計にも、一般会計と特別会計がある。普通会計は一般会計と特別会計の一部。地方公共団体の会計も大変分かりにくくなっている。一般会計と特別会計と合わせると、二〇〇兆円位になっていると思われる。

従って日本国の一年間の総予算は、国の純予算約三〇〇兆円を合わせると、年間約五〇〇兆円という巨額になる。

人類最高、最強の貴真体制により、この巨額の国家予算を一円も無駄なく、投入すべき部門には最適に投入する。または無駄使いを減らすことにより、例えば現代五〇〇兆円の予算から成し遂げられる事業と同じ事業が、三〇〇兆円位で出来るだろう。

これにより、全国民の税金を無税にして、更に一人あたり何十万円の還付金を口座に振り込むことができる。又は、減税しつつ国内投資に廻す。

国内消費が増え、地方経済、ヤマト経済は確実に良くなる。一人一人の国民が豊かになり、地方が栄える。地方が栄えれば国が栄える。日の本は大いに栄え続ける。

地方公共団体の特別会計と一般会計は、今より桁違いに詳しく、審議すべきである。

専用チャンネルの設置

天皇が任命した地方の臣たちにより、議会を中心に、国と協力しつつ、地方を治める。そして、貴真と同じく、専用チャンネル、印刷物などによって、情報を公開する。

地方公共団体の予算である、一般会計と特別会計などの、予算決定や予算の流れ、審議内容などは、専用チャンネル、出版物、新聞などにより、全て地元住民に公開するのは、中央の貴真と同じである。皇室、貴真などの出版物と一緒にすれば、費用の節約になる。

「地方公共団体の予算の審議内容、経過などは専用チャンネルや機関誌により、公共の利益に反しない限りに置いて、全て公開する。」

国民防衛隊と防災隊の設置

皇室と臣達よりなる貴真が、日の本を守り、国民の生命と財産を守る。これに加え、国民自らが、自分たちの生命と財産を守るのは、当然のことである。貴真、準貴真の指導により、国民が、出来る範囲で、国防と防災を行う。

日常生活は、国民の家で、無料の相談が受けられる。そして、心身の能力向上、維持機関として、全国に専門の施設を設ける。これは既存の施設も使用すれば、予算は少なくて済む。他の施設との共用もある。

無料で、心身専門の医師の検診や、有名選手の指導を受けられ、触れあえる。本物の優秀な選手の技を見ただけでも元気が湧き、少々の病気も治ってしまうものだ。勿論全て無料となる。

国民全体の強靭な気力や体力は、防衛と防災の基礎である。そして、強い気力と体力は、問題になっている健康保険の医療費を、格段に縮小する。心身共に健康な国民は、豊かで強い国家の源である。この施設をヤマト各地、隈無く設ける。

その場所で、ヤマト各地の国民防衛隊の基地も兼ねる。そこに、その地域の司令部などを置き、日常の防衛訓練、防衛武器の維持・管理・点検などを行う。
　また、ここでヤマト各地の防災基地も兼ねる。あらゆる災害を想定して、定期的な訓練を行い、防災資財、食料の基地ともなる。災害があれば地域の司令部にもなる。条文は
「地方公共団体は国と協力して、地域の国民防衛隊及び防災隊を組織する。2　国民防衛隊は国軍と連携して国土を守る。」
「地方公共団体は国と協力して、国民防衛施設、防災基地及び体育施設を兼ねた統合基地と支所を設ける。詳細は別途法律で定める。」

各地方の特色にあった条例と財源の確保
・ヤマト全国の地方の発展
　ヤマト全国には約二千位の地方公共団体がある。そして、貴真を中心にして、約二千の地方公共団体は、機能的、有機的に隅々まで一本化される。

ただ、地方は自然環境が違う地方も多く、地方なりの歴史や伝統、特色もある。これを最大限に尊重し、各地方独自の特色を伸ばす。

　それには各地方を熟知し、小回りの利く地方公共団体が、独自に地方に関わる条例を制定し、その財源を確保できたほうがよいだろう。これは地域住民にとってもよい。

　地域のその場所を熟知している地域の住民が、その自然と共に伝統の特色を生かし栄える。

日の本はその地域の集合体である。地域が栄えれば、日の本も栄える。

中央の貴真も当然支援する。更に地域独自で特色を生かす。『大日本国憲法』の範囲内で、地方公共団体が、そのために独自の条例を制定できる。そして独自に、その裏付けとなる財源を確保できるようにする。

税金については、現在の国税と地方税は一本化した方が国民には解りやすい。その上で、各地方は、住民に解りやすい地方のための独自の政策と必要な税を、徴収できるようにする。そのためには、天皇が任命する知事の承認が必要とする。

小回りの利く政策も、素早く行えるのが貴真体制の特色の一つ。幾重にも地域と地域住民を支援し、自然と調和した、地域の発展を図る。

・地方を豊かにし、国を豊かにする

現代の地方は、場所にもよるが、衰退している地域が多い。しかし、これは、やりようによっては、衰退どころか発展することも十分可能である。そのようにもっていく。それが地方の伝統文化を持続することに繋がる。地方は、ただ税金を投入する場所ではなく、豊かさを生み出す場所に変える。

ヤマト全体は奇跡といえる大自然に包まれている。人が整備することによって更に大変魅力的な場所に変えられる。マメに自然に入って整備すれば、自然災害対策にもなるし、害獣対策にもなる。古くから生活している住民も多く人情も篤い。現代は通信、交通機関も発達しているので、これを活用すれば実現できるはずだ。

先端技術や産業が発達すればするほど、基本のヤマト古来の自然と伝統を充実する必要があるのである。先端技術や産業に従事する国民は増えるが、心身共に地方の自然や伝統に癒される国民は多いだろう。ヤマトの自然はかけがえのない存在なのである。

素材は全て揃っている。後は地域や国全体で、工夫して実行していくだけのこと。良い計画を、日本中からも、世界中からも募集することもできる。

そのための、優秀な人材を育てる機関、学校を作ることも一つの方法である。地方は税金を投入する場所ではなく、富を生み出す場所に変えていく。

これが、持続的に国常立神以来の伝統や文化を残すことに繋がる。それが、未来のヤマトや国民にとってもよいことで、ヤマトの底力になる。条文は
「地方公共団体は憲法の範囲内で、知事の承認を得て、条例を制定することができる。」

「地方公共団体は、知事の承認を得て、条例により租税を課すことができる。」

全国地方公共団体が二千以上あることから、両条文とも、天皇が任命する知事の承認により、天皇の間接制を敷くことになる。

そして、必要であれば、天皇は地方のための詔を発する。天皇が日の本を治めるのであるから、全国の地方全てを治めるのは、当然のことである。

■ 第九章　地方公共団体　まとめ

（次の三条は天皇と臣《とみ》の章で既出。

第五条　天皇は全ての臣を任免し、又は承認する。

第三十一条　天皇は都道府県の知事及び副知事並びに議員を任免する。又は知事が議員を推薦し、天皇が任命する。

第三十二条　天皇は全国市区町村の長及び副長並びに議員を任免する。又は市区町村の長が議員を推薦し、天皇が任命する。）

（住民の参加）

第百二十二条　住民は自らの要望、意見、政策、法案などを国民の家及び各専用窓口から国会、地方議会に提出できる。又は国会、地方議会に直接提出できる。

（情報の公開）

第百二十三条　地方公共団体の予算の審議内容、経過などは専用チャンネルや機関誌により、公共の利益に反しない限りに置いて、全て公開する。

（防衛隊と防災隊）

第百二十四条　地方公共団体は国と協力して、地域の国民防衛隊及び防災隊を組織する。

2　国民防衛隊は国軍と連携して国土を守る。

（統合基地の設置）

第百二十五条　地方公共団体は国と協力して、国民防衛施設、防災基地及び体育施設を兼ねた統合基地と支所を設ける。詳細は別途法律で定める。

（条例の制定）

第百二十六条　地方公共団体は憲法の範囲内で、知事の承認を得て、条例を制定することができる。

（条例による課税）

第百二十七条　地方公共団体は、知事の承認を得て、条例により租税を課すことができる。

郵 便 は が き

料金受取人払郵便

八王子局承認

407

差出有効期間
2026年6月30日
まで

1 9 2 8 7 9 0

0 5 6

〔受取人〕

東京都八王子市
追分町一〇－四－一〇一

揺籃社 行

●お買い求めの動機
1, 広告を見て (新聞・雑誌名　　　　　　　　) 2, 書店で見て
3, 書評を見て (新聞・雑誌名　　　　　　　　) 4, 人に薦めら
5, 当社チラシを見て　6, 当社ホームページを見て
7, その他 (

●お買い求めの書店名
【

●当社の刊行図書で既読の本がありましたらお教えください。

カード

今後の出版企画の参考にいたしたく存じますので、
ご協力お願いします。

名〔　　　　　　　　　　　　　　　　　　〕

がな
名前　　　　　　　　　　　　　　　年齢（　　歳）
性別（男・女）

住所　〒

TEL　（　　）

mail

職業

書についてのご感想・お気づきの点があればお教えください。

籍購入申込書

刊行図書のご注文があれば、下記の申込書をご利用下さい。郵送でご自宅まで間前後でお届けいたします。書籍代金のほかに、送料が別途かかりますので予め承ください。

書　名	定　価	部　数
	円	部
	円	部
	円	部

た個人情報は当社からのお知らせ以外の目的で許可なく使用することはいたしません。

大日本国憲法　第十章　改正

憲法の改正

「天成る道《あめなみち》」は進歩していく。時代は進んで行く。それに合わせて、使いやすいように憲法を改正していくのは当たり前の話である。

なのに、一九五一年（アスス二六六八年　昭和二六年）九月八日に、対日講和条約が結ばれて以来、約七〇年近く経っているのにも係わらず、たった一字もデタラメ憲法を変えられないのは、現代日本政府が、国家、国民の役にたっていないことを証明している。

我が国の伝統に則る『大日本国憲法』において、天皇陛下に日の本の国を統治していただいているのであるから、改正の必要があれば、天皇陛下が『大日本国憲法』を改正するのは、当たり前の話である。天皇が憲法を改正するのは、全て国家国民のためである。

国民生活、国内情勢、国際情勢等々あらゆることを勘案して、貴真で審議、決定し、あらゆる準備をして天皇に上奏する。天皇陛下はあらゆる情報を鑑み、皇族や直属の研究機関、内閣、議会などの意見を十分聞き、自らのお考えにより、勅命をもって憲法を改正する。よければ即刻改正して頂く。差し戻しもある。又は天皇が自ら憲法を改正することもある。

憲法の改正が必要とあらば、しっかり準備して、一日で憲法を改正する。この素早さこそが我が国の伝統の一つである。都鳥の俊敏さである。

戦後七〇年以上経っても、重要条文の一字も変えられない現代政府とは全く違う。条文は

「天皇は勅命により憲法を改正する。」

皇室典範の改正

皇室が皇室典範の内容を代々伝え、裁定するのであるから、皇室が皇室典範は改正するのは当然のことである。皇室の中心は天皇陛下である。

皇室典範は『ト の教ゑ』の伝統を皇室が伝えている。天皇、皇族より成る皇室によって決定し、改正も天皇、皇族よりなる皇室会議によって改正される。天皇、臣達や我々国民が、どうのこうのと言う事柄ではない。意見を求められれば、臣や国民の意見を述べる。しかし、こちらから言うべきことではない。

皇室典範については、天皇の項で取り挙げた。第二条の2「天皇は皇室会議において皇室典範を裁定する」。改正する場合も皇室が自ら改正する。皇室が、皇室会議において、皇室典範を改定する。代表して、天皇陛下が、皇室典範を改正する。条文は

「皇室会議によって皇室典範を改正する。」

■ 第十章　改正　まとめ

（憲法の改正）

第百二十八条　天皇は勅命により憲法を改正する。

（皇室典範の改正）

第百二十九条　皇室会議によって皇室典範を改正する。

第四節　「大日本国憲法」全文

大日本国憲法

第一章　天皇

（天皇の統治）

第一条　大日本国は万世一系の天皇が統治する。

（皇位と皇室典範）

第二条　皇位は皇室典範の定める所により皇統の男系の男性子孫が継承する。

２　天皇は皇室会議において皇室典範を裁定する。

（皇室の不可侵）

第三条　皇室は神聖であり侵してはならない。

（日本国の元首）

第四条　天皇は日本国の元首であり、憲法の条規により、大日本国を統治する。

２　天皇は自ら必要と判断すれば、あらゆる分野に亘り勅命を発令する。

３　天皇の勅命は憲法に優先する。

（全ての臣の任免と承認）
第五条　天皇は全ての臣を任免し、又は承認する。
（情報機関などの設置）
第六条　天皇は直属の情報、研究及び諮問機関を設置する。詳細は別途法律で定める。
（立法権の行使）
第七条　天皇は議会で議決した法律を承認し、立法権を行使する。又は天皇は勅命により立法権を行使する。
（法律の裁可と執行）
第八条　天皇は法律を裁可し、その公布と執行を命じる。又は天皇は勅令し、その執行を命じる。
（議会の招集と閉会）
第九条　天皇は議会を召集し、その開会と閉会を命じる。
（公共の安全と災厄の除去）
第十条　天皇は公共の安全を保持し、又はその災厄を避ける必要がある場合は、法律に代わる勅令を発する。
（法律の執行、公共の安寧と秩序の保持、国民の幸福の増進）
第十一条　天皇は法律を執行するために、又は公共の安寧と秩序を保持し、及び国民の幸福を増進するために、必要な勅令を発する。

（国と地方の行政機構の統治）

第十二条　天皇は国と地方公共団体の行政機構の制度及び文武官の俸給を定め、文武官を任免する。又は、天皇の承認を得て、国会又は地方議会が各文武官の俸給を定め、文武官を任免する。

（国軍の統帥）

第十三条　天皇は皇族、内閣、最高司令官及び研究機関の提言を聞き、国軍を統帥する。又は、天皇は国軍を統帥する。

（国軍の保持）

第十四条　大日本国は誇り高き精強の大日本国軍を保有する。
2　大日本国軍は陸軍、海軍、空軍、サイバー軍、宇宙軍の五軍とする。
3　最高司令部が大日本国軍の五軍を統括する。
（国軍の編成と予算）
第十五条　天皇は皇族、内閣、最高司令官及び研究機関の提言を聞き、国軍の編成と常備軍の予算を定める。又は、天皇は国軍の編成と常備軍の予算を定める。
（宣戦布告と講和条約）
第十六条　天皇は宣戦布告を行い、講和条約を結び、その他の条約を締結する。

（戒厳）
第十七条　天皇は戒厳を宣告する。
２　戒厳の要件及び効力は法律をもって定める。
（勲章およびその他の栄典の授与）

第十八条　天皇は臣民に勲章およびその他の栄典を授与する。

（大赦、特赦、減刑と復権）

第十九条　天皇は大赦、特赦、減刑及び復権を命令する。

（皇室専用情報局の設置）

第二十条　天皇は正しい皇室の姿を国民に伝える皇室専用の情報局を設置する。詳細は別途法律で定める。

（連絡会議の設置）

第二十一条　天皇は皇室と国民、企業との連絡会議を設置する。詳細は別途法律で定める。

（国教は神道）

第二十二条　大日本国の国教は神道である。

（国旗）

第二十三条　大日本国の国旗は日章旗及び旭日旗である。

（国歌）

第二十四条　大日本国歌を君が代とし、第二国歌を都鳥の歌とする。
（天皇の禊ぎ、謹慎、蟄居、退位）
第二十五条　天皇は自らの意志により、禊ぎ、謹慎、蟄居又は退位を行う。
（摂政）
第二十六条　摂政を置くのは皇室典範の定めるところによる。
2　摂政は天皇の名において大権を行使する。

第二章　臣（とみ）

（臣は神）

第二十七条　臣は神でなければならない。

（天皇と心一つに）

第二十八条　臣は天皇と心を一つにして政治を行わなければならない。

（天皇による任免　内閣と議員）

第二十九条　天皇は内閣の各大臣及び国会議員を任免する。又は内閣が国会議員を推薦し、天皇が任命する。

（天皇による任免　国軍）

第三十条　天皇は大日本国軍の最高司令長官及び五軍の司令官並びにその参謀幹部を任免する。

（天皇による任免　都道府県）

第三十一条　天皇は都道府県の知事及び副知事並びに議員を任免する。又は知事が議員を推薦し、天皇が任命する。

（天皇による任免　市区町村）

第三十二条　天皇は全国市区町村の長及び副長並びに議員を任免する。又は市区町村の長が議員を推薦し、天皇が任命する

（天皇による任免　臣達）

第三十三条　天皇は各種、各機関の臣を任免する。各種、各機関の臣は別途法律で定める。

（臣と国民、企業との連絡会議）

第三十四条　臣と国民及び企業との連絡会議を設置する。詳細は別途法律で定める。

（臣の住まい）

第三十五条　臣は国が定めた住まいに住まなければならない。

（臣の言動の公開）

第三十六条　臣の言動は、プライバシーの部分を除き、全て記録し、国家の利益に反しない限りにおいて、全て公開される。

（臣の資産の公開）
第三十七条　臣の資産はいつでも全て公開する。
（臣と国民との情報局の設置）
第三十八条　臣と国民を結ぶ情報局を設置する。
（スパイ防止法）
第三十九条　防衛秘密を外国に通報する行為等を禁止する。詳細は別途法律で定める。
（臣の責任）
第四十条　臣は自ら、禊ぎ、謹慎、蟄居、辞任などの罪を科す。辞任は天皇の承認を必要とする。
（臣の復位）
第四十一条　天皇は免じた臣の復位を命じることができる。

第三章　貴真（国会）

（皇族の発言と質問）

第四十二条　皇族は国会、地方議会及びあらゆる委員会などで発言し、質問することができる。

（国会は立法機関）

第四十三条　国会は立法機関である。
（国会は一院制）
第四十四条　国会は一院制とする。
（国会の構成員）
第四十五条　国会は、天皇が任命する内閣総理大臣及びその他の国務大臣、並びに国会議員によって構成する。
（法案の提出）
第四十六条　皇族、内閣、議員、他の臣達全て及び全国民は、国会及び地方議会に法案を提出できる。２　国会及び地方議会は法案を審査する専門機関を設ける。
（通常国会の召集）
第四十七条　天皇は毎年、通常国会を召集する。
２　天皇は通常国会の会期を定める。
（臨時国会と緊急の国会）
第四十八条　天皇は臨時国会と緊急の国会を召集する。
（議事の決議）
第四十九条　国会の議事は、原則、出席議員の過半数で決し、可否同数の時は、議長が決する。又は議長若しくは内閣は国家、皇室、国民、国防にとって必要があれば、少数案に決することができる。

第四章　内閣

（行政権の行使）

第五十条　内閣は、天皇の承認を得て、行政権を行使する。又は天皇は行政権を行使する。

（内閣の構成）

第五十一条　内閣は、天皇が任命する内閣総理大臣及びその他の国務大臣によって構成する。

（天皇の指導）

第五十二条　天皇は閣議に臨席して発言、質問することができる。

（内閣の職務）

第五十三条　天皇の承認を得て、内閣は、他の一般行政事務のほか、次に掲げる事務を行う。

一　法律を誠実に執行し、国務を総理すること。

二　外交関係を処理すること。

三　条約を締結すること。

四　予算案及び法律案を作成して国会に提出すること。

五　法律の規定に基づき、政令を制定すること。

（天皇の御璽《ぎょじ》）

第五十四条　法律及び政令は、国務大臣と内閣総理大臣が連署し、天皇が御璽《ぎょじ》を押し発布する。

2　その法律及び政令が国家国民に反する場合は、天皇はその法案を国会に差し戻し、審議をやり直させることができる。又は、天皇はその法律及び政令を廃案にすることができる。

第五章　国民

（日本国民の要件）

第五十五条　日本国民であるための要件は法律の定めるところによる。

（文武官の任命と公務の就労）

第五十六条　日本国民は法律の定める資格に応じて等しく文武官に任命され、及びその他の公務に就くことが出来る。

（国体を侮辱するべからず）

第五十七条　日本国民及び在日外国人は国家、皇室、国民、国体を冒涜、侮辱してはならない。

2　共産党及び反日の組織は禁止する。

（勤労の権利と義務）

第五十八条　全て日本国民は、勤労の権利を有し、義務を負う。

2　賃金、就業時間、休息その他の勤労条件に関する基準は、法律で定める。

3　何人も、児童を酷使してはならない。

（納税の義務）

第五十九条　日本国民は、法律の定める所により、納税の義務を有する。

（兵役の義務）

第六十条　日本国民は、法律の定めに従って、兵役に就く義務を有する。

2　兵役の時期、期間などは別途法律で定める。

（国防軍の設置）

第六十一条　日本国民による国防軍を日本全国に組織する。詳細は別途法律で定める。

（基本的人権の享有）

第六十二条　日本国民は、国家、皇室、国民、国体を侵さない範囲内で、基本的人権を享有する。

（国民の責務）

第六十三条　日本国民は、自由及び権利を濫用してはならない。自由及び権利には責任及び義務が伴うことを自覚し、常に国家、皇室、国民、国体の秩序に反してはならない。

（思想及び良心の自由）

第六十四条　思想及び良心の自由は、保障する。

（表現の自由）

第六十五条　集会、結社及び言論、出版その他一切の表現の自由は、国家、皇室、国民、国体、国防を侮辱し破壊しようとしない限りに置いて、保障する。

２　前項の規定にかかわらず、国家、皇室、国民、国体、国防の秩序を害することを目的とした活動を行い、並びにそれを目的として結社をすることは、禁止する。

（居住、移転及び職業選択等の自由）

第六十六条　何人も、居住、移転及び職業選択の自由を有する。

（学問の自由）

第六十七条　学問の自由は、保障する。

（生存権等）

第六十八条　全て日本国民は、健康で文化的な最低限度の生活を営む権利を有する。

（教育に関する権利及び義務等）

第六十九条　全て日本国民は、法律の定めるところにより、その能力に応じて、等しく教育を受ける権利を有する。

２　全て日本国民は、法律の定めるところにより、その保護する子に普通教育を受けさせる義務を負う。義務教育は、無償とする。

（財産権）

第七十条　財産権は、国家国民の利益に反しない限りにおいて、保障する。
2　財産権の内容は、公益及び公の秩序に適合するように、法律で定める。
3　私有財産は、正当な補償の下に、公共のために用いることができる。
4　財産権が国家や多数の国民にとって必要な場合は、調停委員会を置いて、その調停に従うものとする。

（裁判を受ける権利）
第七十一条　何人も、裁判所において裁判を受ける権利を有する。

（逮捕に関する手続の保障）
第七十二条　何人も、現行犯として逮捕される場合を除いては、裁判官が発し、かつ、理由となっている犯罪を明示する令状によらなければ、逮捕されない。

（抑留及び拘禁に関する手続の保障）
第七十三条　何人も、正当な理由がなく、若しくは理由を直ちに告げられることなく、又は直ちに弁護人に依頼する権利を与えられることなく、抑留され、又は拘禁されない。
2　拘禁された者は、拘禁の理由を直ちに本人及びその弁護人の出席する公開の法廷で示すことを求める権利を有する。

（住居等の不可侵）
第七十四条　何人も、正当な理由に基づいて発せられ、かつ、捜索する場所及び押収する物を明示する令状によらなければ、住居その他の場所、書類及び所持品について、侵入、捜索又は押収を受けない。ただし、第七十二条の規定により逮捕される場合は、この限りでない。
2　前項本文の規定による捜索又は押収は、裁判官が発する各別の令状によって行う。

（拷問及び残虐な刑罰の禁止）
第七十五条　公務員による拷問及び残虐な刑罰は、禁止する。

（刑事被告人の権利）
第七十六条　全て刑事事件においては、被告人は、公平な裁判所の迅速な公開裁判を受ける権利を有する。
2　被告人は、全ての証人に対して審問する機会を十分に与えられる権利及び公費で自己のために強制的手続により証人を求める権利を有する。
3　被告人は、いかなる場合にも、資格を有する弁護人を依頼することができる。被告人が自らこれを依頼することができないときは、国でこれを付する。

（刑事事件における自白等）
第七十七条　何人も、自己に不利益な供述を強要されない。
2　拷問、脅迫その他の強制による自白又は不当に長く抑留され、若しくは拘禁された後の自白は、証拠とすることができない。
3　何人も、自己に不利益な唯一の証拠が本人の自白である場合には、有罪とされない。

（遡及処罰等の禁止）
第七十八条　何人も、実行の時に違法ではなかった行為又は既に無罪とされた行為については、刑事上の責任を問われない。同一の犯罪については、重ねて刑事上の責任を問われない。
（刑事補償を求める権利）
第七十九条　何人も、抑留され、又は拘禁された後、裁判の結果無罪となったときは、法律の定めるところにより、国にその補償を求めることができる。
（国民の政策）
第八十条　日本国民の政策や法案は全て議会に送ることができる。詳細は別途法律で定める。
（共産主義活動などの禁止）
第八十一条　共産主義者及び共産党並びにいかなる主義者及び団体でも、日本国、皇室、国民、国体などを破壊し、又は破壊しようとする活動を全て禁止する。
（信仰の自由）
第八十二条　日本国民の信仰の自由は、国教である神道の思想、行事などの行為を妨げない範囲内で保障する。
2　日本国民は神道を侮辱したり、神道の行事を妨害してはならない。
（国民へ住居の支給）
第八十三条　国は居住用の住宅を、整備でき次第、順次日本国民に支給する。支給の方法は別途法律で定める。

（国民の家を設置）

第八十四条　国は都道府県や市区町村と連携し、全国に日本国民の家を設置する。設置、運営方法は別途法律により定める。

（天皇大権の優先）

第八十五条　本章に掲げた条規は、戦時又は国家事変の場合において天皇大権の施行を妨げるものではない。

（軍人への準用）

第八十六条　本章に掲げた条規で、大日本国軍の法令又は規律に抵触しない物に限って、軍人にもこの章に準じて行う。

第六章　企業と国民

（産業の支援と基盤整備の推進）
第八十七条　日本国は、国際的な自由主義経済の範囲内において、全面的に日本国の産業を支援し指導する。
2　日本国は競争力のある企業の基盤整備造りを推進する。

（産業法制の見直し）
第八十八条　貴真及び地方議会は既存の産業に関わる全ての法律の見直しを行う。
（政府系独立法人や団体の見直し）
第八十九条　貴真及び地方議会はあらゆる既存の政府系独立法人及び団体などの制度及び業務を全て見直す。
（連絡協議会の設置）
第九十条　貴真及び地方議会と各企業団体との連絡協議会を設ける。詳細は別途法律で定める。
（人材の確保）
第九十一条　日本国は、企業に最高級の人材を送れるように、万全の備えを行う。詳しくは別途法律で定める
（労働基準監督官の大幅な増員）
第九十二条　日本国の全従業員一〇〇人から二〇〇人に対し一名以上の労働基準監督官を配置する。
（従業員指導者の資格）
第九十三条　企業の代表者及び企業の各部署の責任者は従業員指導者の資格がなくてはならない。
2　従業員指導者の資格は毎年更新しなければならない。

（心身健康管理局の設置）
第九十四条　全国に従業員心身健康管理局及び事務所を設け、全事業所における従業員の心身の健康を管理する。詳しくは別途法律で定める。
（心身健康管理局の講習）
第九十五条　企業の設立時に、企業の代表者と各部署の責任者は従業員心身健康管理局の講習を受ける義務を負う。
2　企業は一事業所に一名以上の従業員心身健康管理者を置く義務を負う。
3　企業の代表者と各部署の責任者は、二年に一度、従業員心身健康管理局の講習を受ける義務を負う。
（調停委員会の設置）
第九十六条　企業と従業員の間に調停委員会を設置する。
2　企業と従業員は調停委員会の調停には従わなければならない。
3　労働組合は禁止する。

第七章　財政

（財政の統治）

第九十七条　天皇は日本国の財政を統治する。
２　天皇は財政に関わる国会の議決を承認し、行使する。又は、天皇は財政に関わる詔を発し、行使する。
（日本銀行券の発行）
第九十八条　天皇は日本銀行券を発行する。又は、日本銀行が日本銀行券の発行量を決め、天皇が承認を与える。
（日本銀行の臣の任免）
第九十九条　天皇は日本銀行の総裁、副総裁、審議委員を任免する。又は総裁が審議委員を推薦し、天皇が任命する。
（特別会計と一般会計の統合審議）
第百条　国の特別会計は、一般会計と同じく、国会において詳しく審議される。
（大蔵省の臣の任免）
第百一条　天皇は大蔵省の各局長、副局長を任免する。又は大蔵大臣が大蔵省の各局長、副局長を推薦し、天皇が任命する。
（大蔵省内の情報公開）
第百二条　大蔵省内の全ての資金の流れを、大蔵省と大蔵省内各局に専用チャンネルを設け、国益に反しない限りにおいて、映像と共に全て公開する。

２　大蔵省と大蔵省内各局の日報、週報、月報を、国益に反しない限りにおいて、全て公開する。

（租税）

第百三条　天皇は租税を課し、税率を決定する。又は天皇が、租税に関わる国会の議決を承認し、課税する。

（国費の支出と債務の負担）

第百四条　国費を支出し、若しくは国が債務を負担するには、国会が議決し、天皇の承認を得なければならない。又は、天皇の詔により、国費を支出し、若しくは国が債務を負担する。

（予算の作成）

第百五条　天皇は内閣に毎会計年度の予算の作成を命ずる。内閣は、毎会計年度の予算を作成し、国会に提出して、その審議を受け議決し、天皇の承諾を得なければならない。又は、天皇が詔して、大日本国の国家予算を作成し決定する。

（皇族、臣、企業、国民による予算法案）

第百六条　皇族、臣及び企業、国民は予算法案を議会に提出できる。提出方法は別途法律で定める。

（予備費）

第百七条　予見し難い予算の不足に充てるため、国会の議決に基いて予備費を設け、内閣が天皇の承認を受け、これを支出することができる。又は、天皇の勅命により、予備費を支出する。

（皇室の国家予算）

第百八条　皇室の直接使用する国家予算を国家予算総額の一％とする。

（皇室の財産）

第百九条　皇室の財産は皇室に属する。
2　皇室の財産は皇室会議により管理する。
（皇室費用）
第百十条　皇室の費用は皇室会議で決定する。
2　皇室の費用は国家予算より計上される。
（国防防災資金の設置）
第百十一条　国防、防災の備えとして、国と国民による国防防災資金を設ける。資金の管理は皇族又は天皇が指名する臣が行う。詳しくは別途法律で定める。
（国家神道と神社の維持）
第百十二条　国家神道の全ての活動、及び全国の神社を維持するための全ての活動に租税はからない。
（全国神社の伝統の継承と維持）
第百十三条　全国神社の伝統の継承と維持のための予算を、国家予算の〇・二％とする。詳しくは別途法律で定める。

（神道以外の宗教の租税）

第百十四条　神道以外の宗教の租税は企業と同じとする。

（里山、里海の維持）

第百十五条　全国の里山、里海の維持や伝統文化を継承するための予算を、国家予算の〇・二％とする。

（会計検査院と検査官）

第百十六条　天皇は会計検査院の人事、組織及び権限を定める。又は内閣が会計検査院の人事、組織及び権限を定め、天皇の承認を得る。

2　天皇は会計検査官を任免する。又は内閣が会計検査官を推薦し天皇が任命する。

3　会計検査院は国及び各都道府県に設置する。

4　会計検査院は、毎年国と各都道府県の収入支出の決算について、検査報告を国会及び都道府県議会に提出する。

第八章　司法

（司法権）

第百十七条　司法権は天皇の名において法律によって裁判所が行使する。
2　裁判所の構成は天皇が定める。

（裁判所長官と裁判官の任免）

第百十八条　天皇は最高裁判所長官及び地方裁判所長官並びに裁判官を任免する。又は最高裁判所長官及び地方裁判所長官がそれぞれの裁判官を推薦し、天皇が裁判官を任命する。

（裁判官の資質の向上）

第百十九条　裁判官は法律に定めた資格を備え、一〇年以上の社会人経験を有する者より、別途法律により選抜し、任命する。
2　別に定めた資格を備え、社会人としての経験を三〇年以上有する者は、別途法律により裁判官に選抜し、任命する。

（弾劾裁判所の設置）

第百二十条　罷免の訴追を受けた裁判官を裁判するため、内閣又は議員で組織する弾劾裁判所を設ける。弾劾に関する事項は法律で定める。

（特別裁判所の設置）

第百二十一条　特別裁判所を設ける。特別裁判所は軍事裁判所、警察裁判所、行政裁判所とする。

第九章　地方公共団体

（住民の参加）
第百二十二条　住民は自らの要望、意見、政策、法案などを国民の家及び各専用窓口から国会、地方議会に提出できる。又は国会、地方議会に直接提出できる。

（情報の公開）
第百二十三条　地方公共団体の予算の審議内容、経過などは専用チャンネルや機関誌により、公共の利益に反しない限りに置いて、全て公開する。

（防衛隊と防災隊）
第百二十四条　地方公共団体は国と協力して、地域の国民防衛隊及び防災隊を組織する。
2　国民防衛隊は国軍と連携して国土を守る。

（統合基地の設置）
第百二十五条　地方公共団体は国と協力して、国民防衛施設、防災基地及び体育施設を兼ねた統合基地と支所を設ける。詳細は別途法律で定める。

（条例の制定）
第百二十六条　地方公共団体は憲法の範囲内で、知事の承認を得て、条例を制定することができる。

（条例による課税）

第百二十七条　地方公共団体は、知事の承認を得て、条例により租税を課すことができる。

第十章　改正

（憲法の改正）

第百二十八条　天皇は勅命により憲法を改正する。

（皇室典範の改正）

第百二十九条　皇室会議によって皇室典範を改正する。

第五節　「大日本国憲法」制定の道程

デタラメな日本国憲法を変える

現代ヤマトが、デタラメな『日本国憲法』の元で、曲がりなりにも国家として保たれているのは、神代の神々の遺風によるところが大きい。

あまりにも、我が国の伝統を無視した『日本国憲法』は、明日にも変えなければならない。それではどのように変えるのか。次の三つが考えられると思う。

一、脅迫文書が『日本国憲法』であるから、そもそも『日本国憲法』は我が国の憲法ではない。

二、『日本国憲法』はハーグ陸戦条約に違反しているので、無効である。

三、『日本国憲法』の条文により改正する。

次にこの三点について解説していく。

一、『日本国憲法』は憲法ではない

『日本国憲法』は無効

これから述べるように、そもそも『日本国憲法』の成立過程が違法なのだから、『日本国憲法』は我が国の憲法ではない。『日本国憲法』は無効であり、日の本の憲法としては存在しない。

憲法ではないのだから、明治憲法が日の本の憲法として存続していることになる。しかし、貴族院は既にない。そして、既に本文で述べたように、明治憲法には大いなる欠陥がある。

新憲法移行の手続き

天皇の大権、つまり天皇の詔によって憲法を改定する。現代は、『日本国憲法』という憲法でない憲法を使用している。明治憲法も使用しなくなって七〇年以上経つ。貴族院もない。日の本は明らかに異常事態である。

この異常事態には、我が国古来の伝統であり、明治憲法弟一条「大日本帝国ハ万世一系ノ天皇之ヲ統治ス」に基づき、天皇陛下に新憲法を制定して頂く。

段取りとして、まず国民の総意を形成する。そして、事前に皇室に国民の総意や移行の段取りを伝え、天皇陛下はじめ皇族に了解をとる。同時に、新憲法移行後の国内体制を整える。そして、新憲法発布の詔を発令して頂く。これは既に、明治時代に先例がある。そして、新憲法を公布して、半年後に施行する。新憲法に移行する。これが最も早い。

なぜ『日本国憲法』は我が国の憲法ではないのか

なぜ、日本国憲法は無効なのか。それは『日本国憲法』の成立過程にある。次の簡易年表参照。

来日したマッカーサーは、近衛内閣や幣原内閣に憲法改定の打診をしていた。これは、明治憲法の改定を、全く日本政府の手になったものと虚構しようとした、狡猾な企みである。ＧＨ

Q（SCAP）が勝手に決めればよいものを、敢えて、日本国政府が主導して計画し実行するようにし向けたのだ。

その後、憲法改正草案の松本案など、紆余曲折あったが、決定的となったのは、昭和二一年（一九四六年　アスス二六六三年）二月一三日、外相官邸で行われた日米両国による会議である。米は総司令部民政局長ホイットニー少将と他三名。ヤマト側は吉田茂外相と松本烝治憲法担当相と他二名。

その場でホイットニーは、英語で書いた米側の日本国憲法草案を置き、「これを通さなければ天皇の身体を保障しない」、と言い放った。

ホイットニーの「天皇の身体を保障しない」ということは、天皇陛下を極東軍事裁判に出し、天皇陛下を死刑にする、ということを意味する。そして当然、皇族も全て解体される。現にその後、宮家の多くは解体させられた。

皇室がなくなれば日の本の国体が瓦解する。日の本はなくなり、日の本の国民はなくなる。つまり、ヤマトが滅ぶ。人々はいてもヤマトの国民ではなくなる。国が滅ぶ。

そのために、この米国側による、英文で書いた日本国憲法草案を元に、現日本国憲法がなっていくことになる。当時の政府は、この脅迫により、『日本国憲法』を成立せざるをえなかったのだ。

『日本国憲法』は脅迫文書である　　憲法ではない

従って、現在の『日本国憲法』は憲法でなくて、脅迫文書である。脅迫文書に署名させられたも同然だ。

例えば、ある家族の父母に拳銃を当てられ、「この文書に署名しろ。署名しなければお前の両親を殺すぞ」と言われれば、その場では、その文書に署名せざるをえない。同じことだ。

そのためにやむなく「天皇は象徴」「戦争放棄」という、とんでもない『日本国憲法』を成立させた。

現在の『日本国憲法』は憲法でなくて、米国が勝手に書いた脅迫文書である。脅迫文書は即刻破り捨てても何の問題もない。当然のことだ。

・・・・・・・・・・・・・・・・・・

●『日本国憲法』成立の簡易年表

明治三二年八月　西暦一八九九年　アスス二六一六年

ハーグ平和会議で、ハーグ陸戦条約を採択。加盟国に大日本帝国、アメリカ合衆国を含む。

明治三三年一一月　西暦一九〇〇年　アスス二六一七年

ハーグ陸戦条約を官報に掲載。

明治四五年一月　西暦一九一二年　アスス二六二九年

ハーグ陸戦条約を公布（**ハーグ陸戦条約の効力は現代まで継続中**）。アメリカ合衆国を含む。

〜　　　　　　　　　　　　　　　　〜

昭和一七年三月一七日　西暦一九四二年　　アスス二六五九年

マッカーサーが敵前逃亡を図った。大日本帝国軍の司令官・本間雅晴《ほんままさはる》中将軍に攻められ、フイリピン・バターン半島・コレギトール要塞にいたマッカーサーがおびえ震え上がり、七万六千人の部下を見捨てて、命からがら家族と共にオーストラリアのメルボルンまで逃げた。マッカーサーが、七万六千人の部下を見捨て、恐ろしさの余り、敵前逃亡を図ったということになる。これは戦争犯罪になり、**マッカーサーは戦争犯罪者**だろう。

昭和二〇年八月一五日　西暦一九四五年　　アスス二六六二年

昭和天皇の詔、玉音放送により大東亜戦争が終戦。

〃　　八月三〇日

アメリカ合衆国政府の命令により、マッカーサー来日。

〃　　九月二日、

終戦文書に調印。

〃　　一〇月二日

東京都に連合国軍最高司令官総司令部（ＧＨＱ）を設置。

〃　　一〇月九日

幣原内閣発足。内閣総理大臣は幣原喜重郎。外務大臣は吉田茂。国務大臣は松本烝治。

〃　一二月二七日

モスクワの米ソ英三国外相会談で、「極東委員会」「連合国対日委員会」の設置を公表。

「極東委員会」「連合国対日委員会」の設置決定により、GHQは大日本帝国の憲法改正を急ぐことになる。

昭和二一年二月一日　西暦一九四六年　アスス二六六三年

「毎日スクープ」により、憲法問題調査委員会（松本烝治委員長）の「改正試案」がGHQに漏れる。

〃　二月四日

GHQにより、極秘裡に大日本帝国の憲法改正草案作成作業が開始される。

〃　二月九日

GHQで、極秘裡に大日本帝国の憲法改正草案の作業完了。(僅か六日間)

昭和二一年二月一三日　西暦一九四六年　アスス二六六三年

連合国軍側がGHQによる大日本帝国の憲法改正草案を日本政府側に提出。総合司令部民政局長ホイットニー他三名と、日本側は吉田茂外務大臣、松本烝治憲法担当相と他二名。この場で、民政局長ホイットニーは「このSCAP（GHQ）憲法草案を日本国政府が守らなければ、天皇の身体を保障することは出来ない」と、日本側を恫喝する。

〃　三月六日
やむなく、日本帝国政府が、GHQによる憲法改正法案要綱を発表。
〃　四月二二日～五月一五日まで
松本烝治氏は枢密委員会に出席し、GHQの憲法草案を通さなければ、「天皇の身体を保障しない」ことにより、委員達を説得する。
〃　五月二二日
第一次吉田茂内閣発足。
〃　六月二〇日
SCAP（GHQ）による日本国憲法草案が、第九〇帝国議会に提出され、衆議院で二か月、貴族院で一か月を費やして審議され、いずれも多少の修正が加えられた上で可決された。
〃　一一月三日
日本国憲法公布。
昭和二二年五月三日　西暦一九四七年　アスス二六六四年
日本国憲法施行。
昭和二五年六月二五日　西暦一九五〇年　アスス二六六七年
朝鮮戦争始まる。
昭和二六年四月一一日　西暦一九五一年　アスス二六六八年

敵前逃亡者であり、戦争犯罪人とも言えるマッカーサーが、朝鮮戦争指揮の余りの無能ぶりによりクビになる。解任される。五日後にはサッサとアメリカに帰る。

〃　九月八日
対日講和条約に署名。
昭和二七年四月二八日　西暦一九五二年　アスス二六六九年
対日講和条約が発効。
ＳＣＡＰ（ＧＨＱ）解体、解散。（約七年間弱）
昭和二八年七月二七日　西暦一九五三年　アスス二六七〇年
朝鮮戦争、休戦となる。

・・・・・・・・・・・・・・・・・・・・・・・・・・・・・

二、『日本国憲法』はハーグ陸戦条約に違反し無効である

ハーグ陸戦条約に違反

前の項でも触れたが、なぜ米国は米国側で作成した『日本国憲法』を、日本政府が作成したようにし向けたのか。

つまり、明治憲法の改正を、全く日本政府の手になったものと虚構しようとした。狡猾な企

みだ。ＧＨＱが勝手に決めればよいものを、敢えて、日本国政府が主導、計画し、実行するようにし向けたのだ。

それはハーグ陸戦条約に違反する行為であることを怖れたためである。米国もこれがハーグ陸戦条約に違反すると解っていた。

それを解らないように、秘匿して事を進めた。しかし、今日それが白日の下に晒されている。従って『日本国憲法』はハーグ陸戦条約に違反し、無効である。

米側の思うように、事が運んだが、実際の中身は米国製憲法といえるフザケタ憲法なので、『日本国憲法』はヤマトの憲法ではない。原文は英文だ。

ハーグ陸戦条約の「陸戦規則」第四十三条は「国の権力が事実上占領者の手に移りたる上は、占領者は絶対の支障なき限り占領地の現行法規を尊重し、なるべく公共の秩序及び生活を回復確保するため、施し得べき一切の手段を尽くすべし。」

米国が『日本国憲法』を作ることは「占領者は絶対の支障なき限り占領地の現行法規を尊重すべし」というハーグ陸戦条約に明らかに違反している。そのために、日本政府にその成立を強要したのである。

しかし、その実体『日本国憲法』は、米国製憲法である。しかも日本政府に対して、これを通さなければ、天皇を処刑にするぞ、ヤマト国を消滅させるぞ、と脅迫して成立させた、トンでもない文書なのである。

『日本国憲法』は、ハーグ陸戦条約の第四十三条に著しく違反している。そのため、現代の『日本国憲法』は無効である。

新憲法改正の手順

『日本国憲法』は明らかに無効である。新憲法の成立が必要になる。明治憲法は我が国神代の伝統を伝えている部分もあるが、決定的に誤っている部分がある。そして、多くの月日が経っている

従って一の「新憲法移行の手続き」と同じ手続きを踏んで、新憲法に移行するのが良いと考える。

三、『日本国憲法』の条文により改正するには

そもそも、『日本国憲法』は脅迫文書である。そして『日本国憲法』は無効である。従って、『日本国憲法』の規定に従って、憲法を改正することは、そもそも何の意味もない。

それでも、『日本国憲法』の規定に従って、『日本国憲法』を改正しようというのが、現代の政治的流れである。しかもたったの一字も改正していない。一ミリも前に進んでいないのだ。何をか言わんや、である。

それでも『日本国憲法』に則り改憲するのであれば、どうすればよいのか。米国は『日本国憲法』の中に、憲法を極力変えさせないようにするために、第九十六条を仕込んだ。

それは、各議院の総議員の三分の二以上の賛成で発議し、国民投票の過半数が必要という極

めて難しい条項である。これは世界でも類を見ない、硬性憲法であるという。

また、そもそも自由民主党は自由共産党になってしまっている。そのため、子供でもおかしいと思う、漫画のような『日本国憲法』を、戦後七〇年以上経っても一字も変えない。

平成二四年の自由共産党による、憲法改正草案も余りに不完全である。そもそも『日本国憲法』の改正ではなく、改憲だ。そして、憲法改正を選挙のための、票集めの道具にしているのだ。ひどすぎて話にもならない野党は、憲法改正を反対している。

現代で唯一、『日本国憲法』を改正、又は改憲できる政党は、桜井誠氏率いる日本第一党だけだろう。そして、日本第一党は、一か二による、改憲を主張している。

補説　皇統の存続と皇室による統治

天皇は男性が神代の伝統

『ホツマ伝へ』に記されている初代天神・国常立神より第一二四代ヤマトヲシロワケ天君（景行天皇）まで、全て男性の天皇である。これが本来の我が国の伝統である。

そして、男尊女尊が日の本の伝統でもある。男性を尊び、女性を尊ぶ。後に女性天皇が即位するが、男系皇統が我が国の伝統となる。

宮家の充実　旧宮家の復活

現代では、将来の天皇陛下の世継ぎがうまく行われるか、という心配があるのは、全国民の知る所である。男性皇族が少なすぎるのだ。

昭和二二年（一九四七年　アスス二六六四年）一〇月一四日の皇籍離脱は、ＧＨＱに仕組まれたものである。

旧宮家を復活する案があるが、筆者も大賛成である。というか、当然のことである。昭和二二年一〇月一四日に、十一宮家五十一方が皇族の身分を離れた。離された。この全ての宮家にお尋ねして、了解が得られれば、全て皇族に復帰して頂きたい。

多くの皇族が必要　　これが本来のヤマトの伝統

第三代天神トヨクニヌシ神には百二十人の御子があったようだ。第二十四代天君ヲシロワケ神には八十一人の御子があり、更にその子孫達は大変多かった。何百人、何千人といた。

我が国建国の、初代天神・国常立神より、我が国の伝統は、国家は皇室が治めるものである。つまり、重臣や臣達、国神なども、近い遠いの違いはあれ、皇族が勤める。

同じように、『大日本国憲法』においても、多くの皇族が必要になる。できる限り、皇室の子孫をふやして頂きたい。千人の皇族でも、まだ足りない、一万人位の皇族が必要となる。

ヤマト以外の外国でも、「是非我が国を治めて頂きたい」ということであれば、何万人、何十万人の皇族が必要になる。

皇統の存続

何百人、何千人の皇族がおられる。そして、天皇陛下と共にヤマトを治めて頂く。皇室がヤマト国を治める。これが我が国古来からの伝統であり、当然のことなのである。

特別に、私が夢想や誇張を述べている、ということではない。現代があまりに異常なのである。現代が余りに古来からの伝統をかけ離れている。

そして、多くの皇族がいることによって、天皇陛下の世継ぎに全く心配がなくなる。また、皇室がヤマト中にいることになるので、敵国からは恐れられ、いかなる大災害が起きてもびくともせず、ヤマトは盤石となる。

我々国民も、天皇の世継ぎの心配が全くなくなり、安心して生活できる。皇室は国家、国体であり、国民と共にある。皇統が危うくなるということは、ヤマトとヤマトの国体が危うくなり、我々国民の生活が危うくなる事と同じである。その心配が全くなくなるのだ。

皇室の実力主義　学びの充実

神代より、我が国では、皇室でも実力主義であることが伝統である。その判断基準は『天成《あめな》る道《みち》』を行えているか、又は『天成る道』に協力できているか、ということである。単なる目先の知識や成果ではない。

皇族に、統治者としての力を蓄えて頂くために、あらゆることが試みられてよいと考える。これについて、普く広く意見を採り入れ皇室会議で決定して頂く。

現代行われている皇族方の教育に加え、幼いときから実社会のあらゆる体験や知識を得て頂く必要があると思う。皇室の意向を十分反映させ、教育課程の見直し、改善が必要になる。皇室会議で決定された最良の教育が、そのまま皇族の皆様に実施されていく。

元々、皇室の方々は、国を治めることに関しては、天才の資質を生まれながらに持っておられる。統治六千年の伝統がある。これに世の中の知識や体験を加えたら、全てが備わる。

皇室は「神」であるが「人」でもある　国民の意識改革

皇室の方々は神の位である。そして皇室にはいつも努力して頂いている。皇室が、現代と違い、直接ヤマトを統治することになるので、より大変になる。

我々国民にも意識改革が必要だ。皇室の方々は神の位である。それと同時に人でもある。人は成功もするが失敗もある。それは当然のこと。皇族が多少誤っても、とやかく問題にしないことだ。このような国民全体の、社会全体の意識改革が必要になってくる。

失敗したほうが、多くのことを学べる。誤りも我々国民に良かれと、やって頂いているわけだから、それはそれで有り難いことなのだ。

余りに大きな誤りは、神には自浄能力が備わり、皇室会議もある。

皇室が日の本の国を治める

そして天皇と共に、皇族として、日の本のあらゆる部門の臣として、日の本の国を治めて頂く。臣は神の位である。国家は国民では治められない。それは現代の政治家や政治が毎日証明している。

天皇陛下を中心とした皇室でなくては、ヤマトを真に治めることはできない。皇室のみが伝統に基づく本物の統治を行うことができる。国民全体で、皇室に日の本の統治をお願いする。皇室が中心になり『天成る道』を踏み行っていく。

国体・貴真図

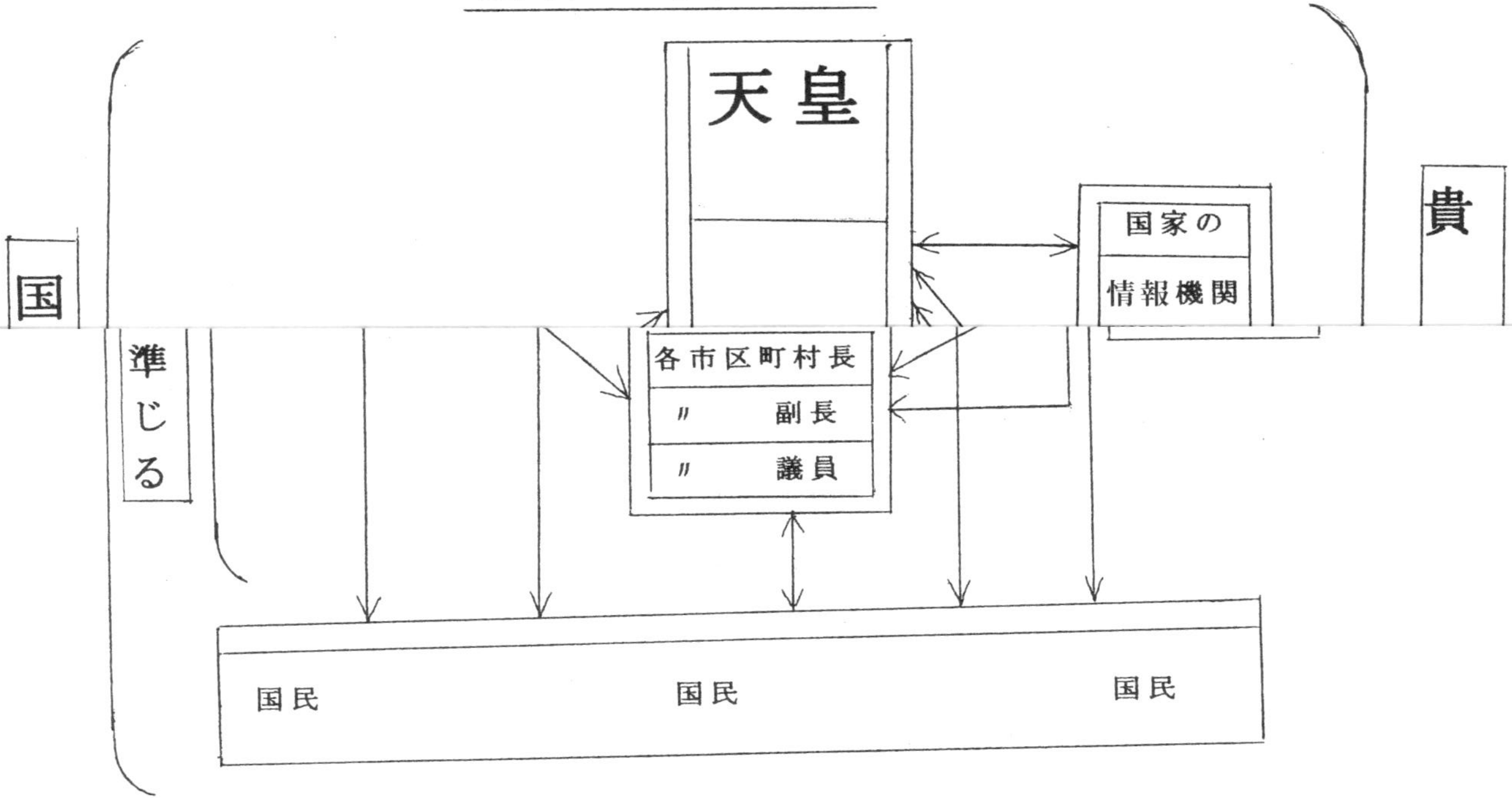

ヤヨイ一日作製

タカマ・モトアケ図

アスス二七二

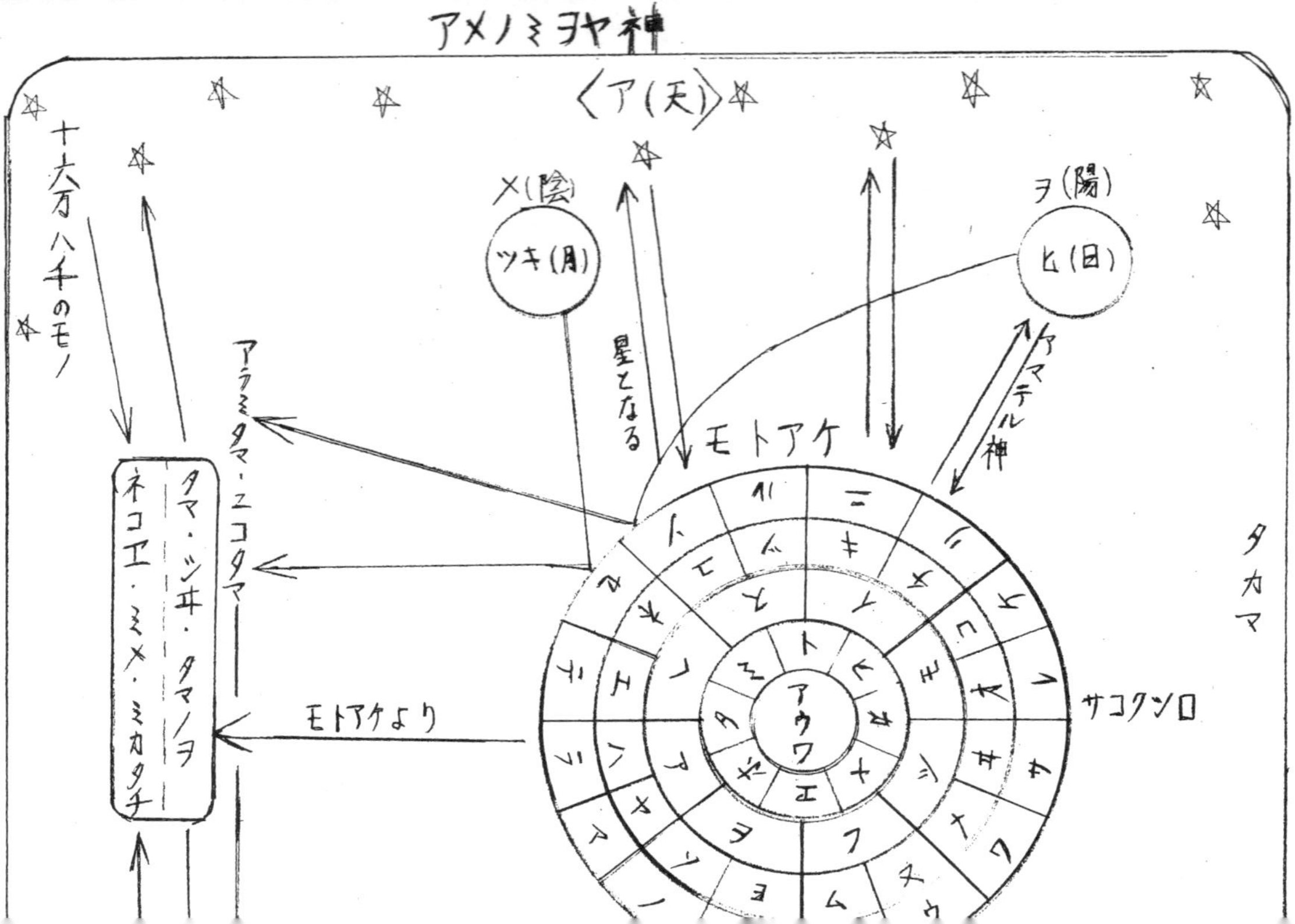

著者紹介　加部節男《かべせつお》

昭和六二年頃、松本善之助氏の「秘められた日本古代史　ホツマツタヘ」を読み、昭和六三年、文字通り、東京南雪が谷の松本宅の門を直接たたき入門。その後数年間、松本師に他の人と共に直接師事する。東京都八王子市在住。

著書

■『ホツマツタヘ・ミカサフミ全用字例集』
アカハナマ　タラサヤワ順に整理済み
A4、二段組、約四二〇〇頁、未刊

■『よみがえる　天成《あめな》る道　神道の体系と教義』
平成三〇年、揺籃社より刊行済み

神代憲法《じんだいけんぽう》による新憲法《しんけんぽう》
大日本国憲法《だいにほんこくけんぽう》

令和三年一月一五日　印刷
令和三年一月二五日　発行

著者　加《か》部《べ》節《せつ》男《お》

発行　揺籃社
〒一九二―〇〇五六
東京都八王子市追分町一〇―四―一〇一
TEL　〇四二―六二〇―二六一五
FAX　〇四二―六二〇―二六一六

印刷・製本　㈱清水工房

ISBN978-4-89708-447-3 C0014　乱丁本はお取替えします。